THE 2-in-1 MANAGER

二合一 极简管理课

问题解决力

BE A GREAT PROBLEM SOLVER NOW!

［英］阿德里安·里德（ADRIAN REED）◎ 著

刘乐 ◎ 译

CTS PUBLISHING & MEDIA 中南传媒 | K 湖南科学技术出版社

引 言

　　我们生活在一个瞬息万变的世界，必须对不断出现的问题、威胁和机会尽快做出评估、优先级排序和处理。然而解决问题本身就很复杂——很少有问题是孤立存在的。很可能出现的情况是，在解决了一个领域的问题后，会（潜在地）在另一个领域引发一个新的、更严重的问题。同样有可能的是，我们自认为很棒地解决了问题，但我们的利益相关者却不以为然，或者是结果与我们的外部商业环境不协调。

　　更为棘手的是，在分辨出真正想要解决的问题之前，人们往往会沉浸于潜在的解决方案。也许我们的老板在星期一上午来了，宣布我们需要启动一个新的项目来购买和实施一个全新的 IT 系统——这将是一枚能够让我们所有的组织弊端迎刃而解的"银弹"（silver bullet，喻指新技术，尤指人们寄予厚望的某种新科技）。如果我们（和他们）没有辨别出他们试图解决的问题或机会，那么我们终将失望而归。任何一个在中看不中用的小玩意（尽管它们在商店里看起来妙不可言）上浪费金钱，最终却发现它们没能改变我们生活的人，都有过这样的经历。我们为一个错误的问题"买"了一个"解决方案"。

　　这尤其表明，整体解决问题的能力对任何领导人或经理来说都是至关重要的。然而，我们很难知道从哪里开始。在写这本书的时候，我开始着手收集和论述一套实用的工具和技巧，以持续一致性地分析问题。它们当然不是唯一可用的工具——但我发现它们是高效、有用和富有成效的。更重要的是，在单页"问题画布"上，这本书涵盖了一个解决问题的全过程。您完全可以在您自己的组织中使用此画布，并可在本书的网站 www.problemsolvingbook.co.uk 下载一份。在那里，您还可以找到其他有用的链接和资源。

　　这本书旨在成为一本实用的参考指南，一本您将会一遍又一遍翻看、参考的指南。我希望你觉得它有用、有趣，能在您解决问题的努力中有所帮助。

　　此致

阿德里安·里德

Blackmetric 商务解决方案首席顾问

电子邮箱：adrian.reed@problemsolvingbook.co.uk

目　录

第**1**章

避免解决方案陷阱

1.1 一个下意识的解决方案有什么问题？

在一个瞬息万变的商业环境中，我们往往面临着快速解决商务问题的巨大压力。然而，陷阱往往等待着毫无准备的人。许多企业做出了下意识的决定——这非但没有解决问题，反而使问题进一步恶化。报纸上失败的商业计划，以及由于寻求不明智的决策或解决方案而导致了损失，甚至失去了竞争优势的组织，不胜枚举。这些失败可能是许多复杂的原因造成的，但有一个常见的原因就是，在未进行充分分析的情况下，组织过早地决定了采取何种解决途径。只有确保我们处理的是问题的根本原因（而不仅仅是症状或影响），并时刻提防过早选定解决方案，我们才可以避免这个陷阱。

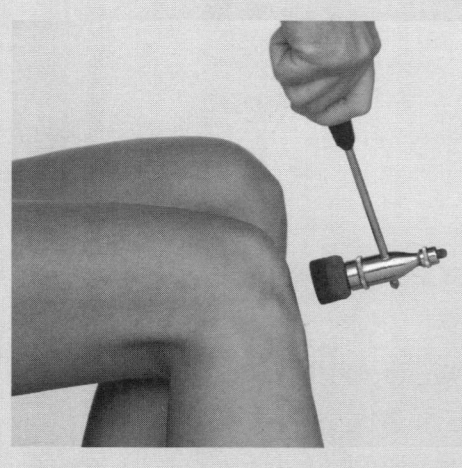

资料来源：Bambok/Shutterstock

这样做

　　问一问自己是否得到了一个解决问题的预案，而不是根本问题。确保正确的人员已参与问题的定义，并使用本书中的技巧进一步深入了解根本原因并发掘可能的解决方案。

1.2 整体性思考

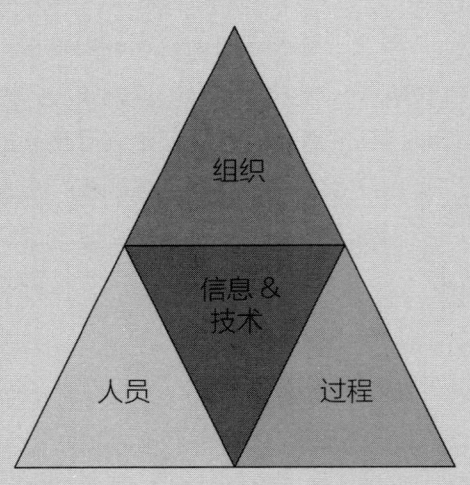

资料来源：协助知识发展有限公司（Assist Knowledge Development Ltd）

　　组织可能是一个复杂的环境，在解决某处问题的时候，我们可能会无意中在别处造成问题。例如，只有当生产和配送部门有能力完成订单的时候，解决一个能够带来更多销售的问题才会是有用的！成功地解决问题取决于整体思维和超越当前问题领域的思考能力。使用商业模型"四视图"（人员、过程、组织和信息技术）可以有所帮助。其中任何一个领域的变化都可能会对其他方面产生影响——新的 IT 系统可能需要进行培训（人员），并可能改变工作的执行方式（过程）。跨团队、跨部门的思考也是至关重要的。

这样做

从多维角度思考问题（和潜在的解决方案），包括它们如何参与其中或将如何影响人员、过程、组织和信息技术。

1.3 构造解决问题的方法

采取结构化的方法来解决问题是值得的。解决问题不必采用复杂或费力的方法，但从以下三个维度思考问题是非常有用的：

- 为什么：为什么这个问题很重要？为什么现在就需要解决它？

- 是什么：需要改变的是什么？核心要求是什么？问题解决计划的范围和规模是什么样的？

- 怎么做：怎么做才能解决问题？有多少选项可供选择？

这里有一系列的技巧可以帮助我们更全面地了解问题，在本书中会有详尽阐述。

资料来源：ImgRaj/Shutterstock

这样做

　　退后一步，精心策划解决问题的方法。"磨刀不误砍柴工"，从长期来看，花时间来筹谋方法反而更加节省时间。

1.4 "擦亮" 利益相关者图景

　　问题不是存在于真空中，我们要了解其他人是否对我们正在研究的问题感兴趣或受其影响，这一点至关重要。在大型组织中，问题可能涉及众多利益相关者，所以很重要的一点是要组织 / 邀请我们的利益相关者参与战略。当涉及利益相关者的管理，请思考 ICE 三个方面：识别（identify）、分类（categorise）和参与（engage）。

　　我们可以从识别可能的利益相关者开始着手，并列出一个名单。同样值得深思的是，他们所带来的相对影响水平，以及他们如何被问题影响。此外，还要考虑他们的态度。他们是支持还是中立还是他们可能会极力反对任何解决问题的活动？这使我们能够对利益相关者进行归类，也许可以使用传统的利益相关者网格（如随后"详解"部分所阐释的）。一旦他们被归类，我们就可以筹划如何以及何时让他们参与其中。

资料来源：3Dstock/Shutterstock

这样做

广撒网，确保您已找到相关的利益相关者并使其参与进来。确保利益相关者的识别、归类和参与。

1.5 以慢打快：准备迎接挑战

虽然采取结构化的方法对决策制定有明显的好处，但我们很可能将遭受来自业务利益相关者的压力，要求我们积极而快速地落地实施。有时人们会不愿意在分析问题上花费时间，因为它可能被看作是"抽象"和费时的。虽然我们的利益相关者的这种反馈可以被看作是有问题的，但这一点我们可以加以利用。这表明他们参与进来了，并且是希望看到问题得到解决。通过向他们昭示解决方案的好处，我们可以确保他们完全加入进来。我们可以解释，它不会浪费时间——事实上，从长远来看，它反而可以节省时间。虽然我们可能会暂时放慢速度，这是为了一旦我们找到了最好的解决方案的时候，我们便可以信心十足地加速前进。

资料来源：Gunnar Pippel/Shutterstock

这样做

思考如何处理对于结构化问题解决方案的阻力或挑战。考虑使用问题解决方案（在本章的 1.7 节和第 6 章中讨论）来说明问题解决过程的各个阶段。

1.6 发现限制性条件

当我们对一个问题了解、发现得更多，我们便会开始思考如何解决它。然而，很可能会有一些因素限制了可以考虑的解决方案。我们很可能时间、金钱和资源有限——并且提出一个错误的解决方案将会摧毁我们的可信度。很重要的一点是，我们必须及早地直面这些限制性条件，这样我们就可以提出持续可信的建议方案。限制性条件可能包括以下因素：

- 时间
- 成本 / 资源
- 质量
- 范围
- 技术
- 业务流程
- 组织结构
- 法律 / 法规

资料来源：Sashkin/Shutterstock

这样做

　　明白什么是真正不能改变或让步的。确保任何建议的解决方案都在这些界线范围之内。

1.7 简明而精确：引入单页问题画布

　　将问题定义提炼到一张纸上有助于确保所涉及的每个人都"在同一页"上，并且对我们试图解决的问题有持续一致的看法。问题画布是实现这一目标的一种方法，它提供了一个模板，以展示和验证问题陈述、范围和可能的解决方案。这一模板（在"详解"部分有呈现）旨在展示该问题的足够信息，也是一个有用的提示或"备忘录"，帮助我们确保我们已将方方面面考虑进来。您可以从网站 www.problemsolvingbook.co.uk 中下载该模板。

资料来源：Mmaxer/Shutterstock

这样做

　　使用"问题画布"模板提取问题的简明定义、预期目标，并提供可能的解决方案列表。不断更新文档，并与您的团队和利益相关者共享。

1.1 下意识的解决方案有什么问题?

为什么?

我们许多人可能与一位同事或经理合作过,他们要求我们专注于提供解决方案,而不是分析问题。从许多方面来说,这完全是可以理解的——毕竟,在一个快节奏的商业环境中,能够快速解决问题是极其必要的。这可能意味着我们达成了一项重要交易,或者是我们成功取代了我们的竞争对手。然而,如果在对我们试图解决的问题还没有充分了解的情况下,我们就采取行动的话,就很可能会落入陷阱,并面临严重的后果。我们可能最终会建议、实施或购买一个不适合我们业务的解决方案——我们可能会发现,对于我们试图解决的到底是哪个问题这一点,不同的同事和利益相关者会有不同的理解——这会导致冲突,延误和进一步的费用。所有这些情况最好都避免!

上述情况描述了对问题的下意识反应。通常,问题比它们所表现出来的样子要复杂得多,我们想象得出的第一个方案可能不是最优的。下面是几个例子:

· **影响而不是原因:** 想象一下,你被要求快速对公司的投诉进行精简高效的处理。虽然这点毫无疑问是合理的,但弄懂人们为什么会投诉并解决根本原因将会更有益(这样他们从一开始就不需要投诉!)。

· **解决方案致力于查找问题:** 通常,我们不知不觉就迷上了一个特定的想法或解决方案,如此热烈,以至于我们会坚持不懈地追求,即使它其实并不适合我们的需求。任何一个刚买了一件心仪的小玩意,却很快就摔碎了的人都体会过这种痛苦。一个 30 英镑的果汁机，还是不够方便的。当一个企业在一个 IT 系统上花费上百万美元，却发现它满足不了需求，后果可能会很严重。

· **我们立场不一致：** 也许组织中不同的人对我们试图解决的问题在理解上有细微的不同。不同的人可能也有不同的动机，如果对这一点没有体谅，我们可能会让部分或者所有的利益相关者失望。

来源：PhotoSmile/Shutterstock

知识简介

缺乏对问题的分析会导致巨大的浪费性开支。就拿一个例子来说：大约在 2004 年，英国政府启动了一个项目，旨在对用于处理紧急呼叫消防和救援服务的基础设施进行重大修改。该项目旨在提高适应性和效率，重点在于增加处理电话所需的呼叫中心数量。随着项目的推进，重大问题开始显现出来——然后在 2010 年这个项目被宣告取消。政府的报告显示，这个项目至少浪费了 4 亿 6900 万英镑，而且更糟的是，似乎连一个目标都没有达成。有人建议，正在交付的解决办法大大超出规定，不适合该地区的实际需要。或者换句话说，它可能是将矛头指向了错误的问题并试图解决。这是一个复杂的案例，有许多原因，但显然有更便宜和更适当的选择。

这不是唯一的例子。政府报告接着指出：

> "导致此项目失败的问题绝不是唯一的或孤立的。政府的 IT 项目似乎还能够继续自己发挥作用，继续吸收资源而不实现其目标。"

（英国国家审计办公室，2011）

这个例子是从公共部门得到的，私人和第三部门也有类似的失败案例——尽管它们并不是总能见到。这种类型的挫败可能会影响所有类型的决策——从日常操作决策的制定，到数百万的采购决策。花时间在前面，以确保我们解决的是正确的问题，加上良好的项目管理和业务分析，则可以帮助我们避免这种昂贵的失败。

如何做

下一次当你遇到问题时，要克服你潜意识里呼之欲出的第一个可用的解决方案，并鼓励周围的人后退一步。与其追求下意识的反应，不如使用本书中概述的技巧，以确保每个人意见一致，并搜索和评估一系列解决方案。问自己一些问题，包括：

1. 我提出的是否是一个解决方案，而不是一个问题？

2. 在明确这个问题的时候，是否已让合适的人员参与进来？

3. 这是根本原因，还是有待进一步的深入发掘？

4. 这一问题是否确实需要马上就解决，还是我们尚有时间思考更多选项？

利用本书中描述的技巧进一步深入研究。

反思

- 成效如何？

- 下次我会怎么做？

参考文献

National Audit Office, 2011. *The Failure of the FiReControl Project.* London: NAO.

1.2 整体性思考

为什么

"整体的（holistic）：这一信念的特点是，某事物的各个部分是紧密相连的，并且只有参照整体才能解释。"

（牛津词典）

要想在解决问题时取得最好的结果，整体性思考问题的形势是非常重要的。问题往往是复杂和混乱的，有许多相互关联的部分。比如，与技术相关的问题实际上可能牵涉甚广。

因此，即使是对某一业务的一部分进行小规模的渐进式改善，也会产生广泛的连锁反应。在解决局部问题的时候，我们可能会在别处引发重大问题。

想象一下，一个销售团队正在竭尽全力地试图提升销量。他们拥有一种全新的产品，市场为之狂热。他们收到了数以百计的订单——销售收入一飞冲天。这听起来像是好消息——但是如果采购团队不能处理如此大的体量，那么我们就是在给自己挖坑！如果问题向别处转移，那么一个领域的成功是徒劳的，从更宽广的视角（这可能是跨越团队、部门甚至组织的。）思考问题是很重要的。

知识简介

在影响深远的著作《业务分析》(保罗、卡德尔和耶茨，2014)一书中，黛布拉·保罗提出了一个商业四视图模型，并鼓励我们从人员、过程、组织和信息技术的角度思考问题。在评估一个问题的情况时考虑这个模型是非常有用的。同样重要的，是要考虑到，这四个领域中的任何一个发生变化都很可能会影响到其他方面。

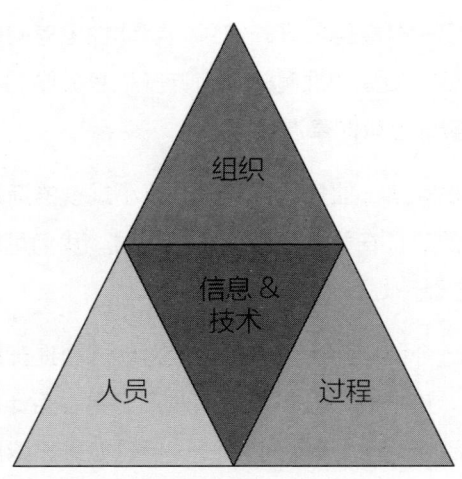

资料来源：协助知识开发有限公司

如何做

例如，自动化过程可能涉及额外的 IT、再培训（人员），甚至可能涉及组织结构变更（组织）。通过思考以下方面，四视图模型可以帮助我们采取整体性的方法：

1. **人员：** 人员如何奖励、评估和激励？他们设定的目标是否有助于问题的解决？是否还有什么其他指标更加合适？每个人是否都接受过足够的培训，能在任何相关方面快速上手？

2. **组织：** 组织结构会有所帮助还是会成为阻碍？是否会导致问题的结构性错误？

3. **过程：** 潜在的业务流程是如何影响、冲击或被卷入此问题的？是否有过程中改进的机会？瓶颈和限制在哪里？谁参与了这个过程？

4. **信息和技术：** 当前是如何使用信息技术的？使用哪些系统，它们之间有没有断开连接？是否有改进的机会？现有系统是否使用合理——或者能否以其他或不同方式使用？

反思

• 成效如何？

• 下次我会怎么做？

参考文献

Oxford Dictionaries, n.d. *Oxford English Dictionary*. [Online] Available at: http://www.oxforddictionaries.com/definition/english/holistic

POPIT™ Model, from Paul, D., Cadle, J. and Yeates, D. (eds), 2014. *Business Analysis.* Third Edition. Swindon: BCS. Copyright and trademark of Assist KD Ltd.

1.3 构造解决问题的方法

为什么

当压力来临，而且当一个问题看似紧急的时候，向第一个可用的解决方案伸出手会是非常舒适和自然而然的——因为这样就不用再进一步深入考虑这个问题了。在一些情况下，这可能是最好的方法——如果你是在一艘正在下沉的船上，那你可能就没有多少时间来评估你的选择并做出一个快速果断的、能够救你一命的决定。然而，紧迫感往往是一种错觉——而通过构造解决问题的方法，我们可以打破这种错觉，确保我们取得最好的结果。

知识简介

解决问题的过程为我们提供了一种可重复的方法来考虑和分析问题的情形。它形成了我们的问题分析活动的主干——当然，我们可以在必要时扩展和美化它，但它为我们提供了一个可重复使用的框架。嵌入和建立框架可以确保所有参与者对即将发生的以及每个阶段后面要发生的事情有一个共同的理解。重要的是，采取结构化的方法解决问题可以确保我们退后一步，以帮助我们和我们的利益相关者免于落入下意识解决方案的陷阱。

如何做

我们不需要一个复杂或费力的过程，实际上围绕以下三个重要问题来构建解决问题的方法会非常有用：

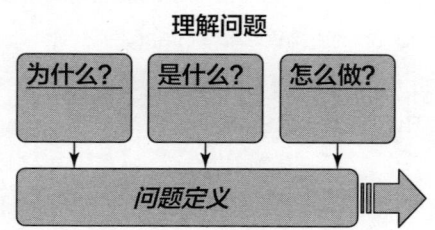

来源：Blackmetric商务解决方案

1. 为什么：我们必须理解为什么需要改变现状，这一点非常重要。如果存在问题，为什么需要解决？为什么它如此紧迫，为什么现在需要引起我们的注意？为什么一开始就有问题——根本原因是否真的已经确定了？

2. 是什么：我们需要理解问题的范围和规模，这一点也很重要；或者换句话说，我们知道需要改变的是什么，这非常重要。回溯到上一节提到的四视图模型，我们正在改变的是哪些过程、组织、人员和信息技术系统？其他哪些方面可能会受到影响？

3. 怎么做：除了理解为什么和是什么，我们还必须了解如何才能解决这个问题，这一点也非常重要。这包括想象和评估解决方案选项，并可能涉及向我们的利益相关者提出建议。也许流程更改会帮助解决问题，或者是新的 IT 应用程序，或者是一个变化的组合。

第 2—7 章涵盖了一些真正实用的技巧来理解和证明这些"为什么""是什么"和"怎么做"。

反思

- 成效如何？

- 下次我会怎么做？

1.4 "擦亮"利益相关者图景

为什么

我们组织中不同的利益相关者很可能会对一个问题有不同的看法——有些人对问题可能会有与别人完全不同的观点。为了真正理解一个问题，我们必须理解和考虑这些观点。在我们理解这些观点之前，我们需要"擦亮"图景，并识别出相关的干系人。

资料来源：Alina Ku-Ku/Shutterstock

知识简介

这里，值得后退一步，思考"利益相关者"是什么意思。利益相关者可以定义为：

"与变化、需要或解决方案有关系的团体或个人。"

(《企业知识体系分析指南》第三版）

实质上，利益相关者可以是任何一个对我们试图解决的问题或对我们试图创建的解决方案感兴趣的人。他们可能是我们组织内部或外部的，并且他们可能支持或不支持我们解决问题的努力。关键是我们要识别他们。

如何做

思考更广泛的利益相关者图景，并透过浅显的表象看待问题是值得的。问一问这些问题：

1. 谁可能会被牵涉其中或受其影响？

2. 在现实情况下，谁可能拥有权威或权力？

3. 每个利益相关者会支持解决问题的工作还是可能会强烈抵抗？

扩大关系网范围将会有所裨益，不仅要考虑到内部的，也要考虑到外部的利益相关者。根据"ICE"的总结，利益相关者管理有三个关键步骤，即识别、归类和参与。

识别

编制一份利益相关者列表，记下它们在问题情况下的作用和兴趣类型，这会非常有用。值得深思的是，他们所带来的相对影响水平，分值范围为 0 ~ 10。同样值得考虑的是问题（或者潜在的解决方案）对他们产生了多大的影响了，同样也是 10 分制。下面是一个示例：

名字	角色	兴趣	影响力水平（0 ~ 10）	受影响的水平（0 ~ 10）
约翰·史密斯	运营经理	他的团队受到这个问题的直接影响。热情拥护者	10	10
简·布朗	合规经理	需要确保我们提供一个合法、合规的解决方案	8	2
……				

这份清单是至关重要的第一步，可以帮助我们做好联系利益相关者的规划和准备。

归类

通过上述方式确定并记下了我们的利益相关者，进一步的逻辑步骤是对它们进行归类。有些利益相关者会需要更加积极的关注，有些人则参与度更高更关心、更感兴趣，或者对当下的问题情形掌握着更大的权力。将我们的利益相关者对应到传统的利益相关者矩阵图表（如下所示）里将会是有用的。这可以帮助我们识别具有相似特征的利益相关者：

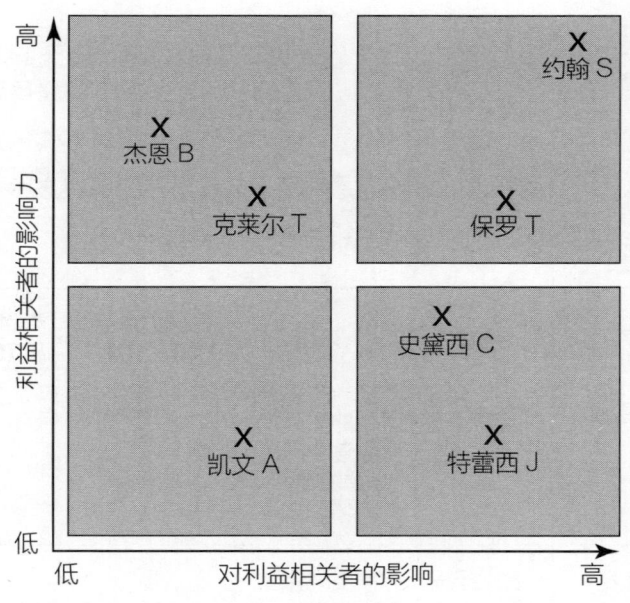

资料来源：根据《业务知识分析指南》改编，第3版，业务分析国际研究所（IIBA，2015）

了解每个利益相关者在坐标方格的位置可以帮助我们定义沟通、参与和利益相关者管理的策略，如下图所示。

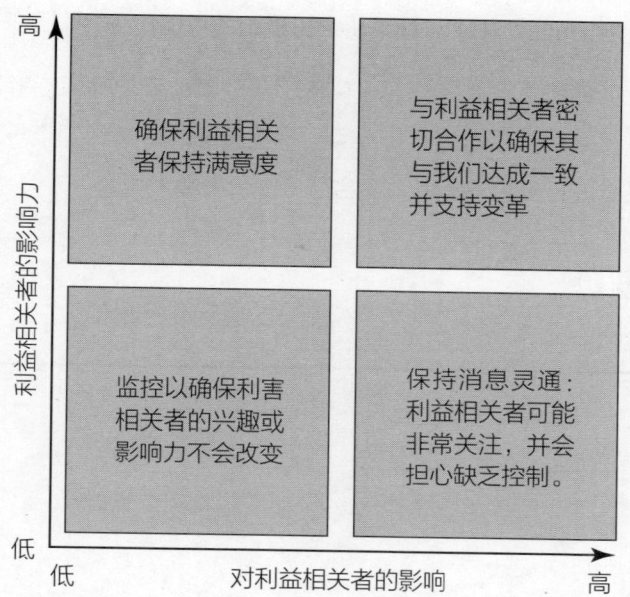

资料来源：《业务知识分析指南》第三版，业务分析国际研究所
(IIBA，2015)

参与

在识别并归类了我们的利益相关者之后，思考如何与之接洽是很重要的。

上面的利益相关者矩阵为我们需要积极联络哪些利益相关者提供了一个有用的总结。其他需要考虑的问题包括：

- 谁对问题有看法或意见？

- 哪些利益相关者需要说服？

- 哪些需要我们去拜访或会见，何时去？

- 我们需要多久与每个利益相关者联系一次？

- 他们持有什么样的见解或信息？

- 他们希望如何从我们这里获得信息？

- 他们在任何解决问题活动中的最初角色是什么?

深入了解利益相关者的观点和建议可以帮助我们确保在解决问题上取得成功,并交付预期的业务成果。根据上面的矩阵,制定一项与相关利益相关者进行接洽的计划,将会给工作带来重大帮助。

反思

- 成效如何?

- 下次我会怎么做?

参考文献

International Institute of Business Analysis (IIBA), 2015. *A Guide to the Business Analysis Body of Knowledge® (Guide®)*, v3. Toronto: IIBA.

1.5 以慢打快：准备迎接挑战

为什么

"在完成任务的压力下，许多管理者难有耐心。他们把重点放在对现有问题的短期修正上，而不是建立解决和预防问题的长效机制。但正如寓言龟兔赛跑中那样，那些在起初看起来最慢和费力的公司在最后往往会成为行业领头羊。"

（西尔金和斯托克，1990）

在所有类型的组织中，特意抽出时间来彻底地思考问题可能会遭到的抵制。因此，经常有一种紧迫感——一种我们必须迅速开始行动的感觉。这可能诱使我们非常想通过实施我们遇到的第一个解决方案来解决问题，这就可能会诱发 1.1 节中讨论的严重后果和浪费性问题。

重要的是要为这类挑战做好准备——以欢迎的姿态。虽然看上去问题多多，但这种类型的阻力表明，我们的利益相关者参与其中并希望有所作为。它可以为我们提供一个有用的机会，让我们获得反馈并验证我们的假设。同时，我们必须巧妙地推动我们的利益相关者采取整体解决问题的方法，并鼓励以精细筹划的方法解决问题。

资料来源：Gunnar Pippel/Shutterstock

知识简介

一项对 343 家企业的研究（由 Forum 公司于 2010 年实施，在《哈佛商业评论》中有报道）表明，那些反应迅速但没有花时间来定期反馈以确保他们尚处正轨的公司，最终都以低下的销售额和经营利润告终。那些在关键时刻停下来的公司，在三年内平均销售额提高了 40%、经营利润提高了 52%（戴维斯和阿特金森，2010）。

如何做

1. 在着手解决问题时，要考虑如何克服阻力。您将如何"销售"解决问题的过程，以及您最可能需要将其出售给哪些利益相关者？

2. 思考您是否可能需要使用一个问题画布（在第 1.7 节和第 6 章中有讨论）的示例，如何向您的利益相关者阐释解决问题过程的各个阶段。思考一下你将如何销售整体性思维的好处。

3. 使用 1.2 节所述的"四视图"商业模型来展示整体性思维的重要性。

4. 分享您组织内部解决问题的成功例子，以及知名的外部失败案例，以彰显一个稳健而精简的过程所带来的好处。记住，在前期放慢脚步可能意味着一旦选择了解决方案，我们就可以满怀信心地加速前进。

反思

• 成效如何？

- 下次我会怎么做？

参考文献

Davis, J.R. and Atkinson, T., 2010. 'Need speed? Slow down', *Harvard Business Review,* May.

Sirkin, H.L. and Stalk, G., 1990. 'Fix the process, not the problem', *Harvard Business Review,* July-August.

1.6 发现限制性条件

为什么

当我们寻找解决问题的方法时，我们不可能有无限的时间、金钱和资源。我们需要在一定范围内和限制下解决这个问题。

"限制"可以定义为：

"一个不能改变的影响因素，会对可能的解决方案或解决方案的选择施加限制或制约。"

（业务分析国际研究所 (IIBA)，2015）

正如定义所指，约束可以是广泛的。我们可能会受到一些因素的限制，包括：

- **时间**：我们可能面临在特定时间段内提供解决方案的压力。如果我们在繁忙的零售店里工作，准备圣诞销售旺季，那么在节日结束后才解决圣诞陈列展览的问题将是毫无意义的！

- **成本 / 资源：** 我们很可能资源有限，但重要的是，我们需要思考基于资源限制，哪些解决方案是可以实现的。

- **质量：** 在某些情况下，质量问题不能妥协。如果你的问题生死攸关，质量可能会是最重要的因素。

- **范围：** 某些元素可能在我们的能力范围之外（或之内）。

- **技术：** 我们可能有特定的技术限制——也许我们不能改变特定的 IT 系统，或者可能任何解决方案都必须符合我们现有的系统。

- **业务流程：** 我们实施的任何解决方案都可能需要满足现有的整套业务流程。

- **组织结构：** 组织结构可能受到限制。

- **法律 / 法规：** 我们的组织可能被迫以某种方式开展其业务，这可能会影响我们解决问题的能力。

资料来源：Marekuliasz/Shutterstock

知识简介

了解我们所面临的任何限制都是必要的——这可以让我们避免花费时间去研究永远不可能合适的解决方案。然而，当我们发现一个限制，同样重要的是，我们有能力证明它真的不可动摇。在某些情况下，会有一些可被察觉的规则和限制，可以被挑战、更改。

约束常常被认为是负面的，但是如果他们从一开始就很明确，那他们可以帮助推动创新。俗话说，"需要是发明之母"，有限的资源可以引导我们思考新的、创新性的解决方案，这些方案在其他情况下发现不了。无论哪种方式，我们能注意到它们是至关重要的。

可以使用简单的限制性日志获取和传达限制性条件。这可以像您所需要的那样简单或精细，但每个限制性条件至少要有以下相关信息才是有价值的：

ID	限制性条件	基本原理	所有者	上次更新时间	复审时间
C01	解决方案必须在 1 万英镑的预算内交付。	已达成固定的预算；没有足够的财政收益能保证超出预算的开支	史蒂文 D	12 月 6 日	3 月 6 日
C02	任何技术元素都必须能与 L A L SD/500 系列服务器接口相连	我们核心客户的数据库存储在一个 SD/500 系列服务器上，并制定了一个战略架构决策，以确保所有组件能够相连	杰恩 B	11 月 2 日	2 月 2 日

限制性日志可以根据需要扩展其他列，例如包括类别、优先级、影响力级别等。但是，第一步是识别和提取每个限制性条件。

如何做

1. 了解您的组织所处的业务环境。哪些法律法规是相关和重要的？

2．咨询关键的利益相关者什么是最重要的：成本、时间还是质量？

3．了解是什么在驱动解决问题的需要。为什么这个问题现在很重要？

4．衡量改变的欲望。利益相关者是否希望通过渐进式的、微小的改变来解决问题？还是他们期待更大规模的变化？

5．直截了当地问问题："我们的限制性条件有哪些？""什么是不可动摇的？"

6．了解组织的文化。什么被认为是"不可接受的"？这是可以被创造性地轻轻推动或挑战，还是它就是一个硬性约束？

7．获取和记录限制性条件，以便在整个项目解决计划中保持头脑清醒。至少要提取对限制性条件的描述、它的所有者以及应复查或检查的日期。为每个限制性条件指定一个证明人也是很好的做法，以便互相参照。

8．确保准确、明确地提取每个限制性条件，这样就不容置疑。

反思

· 成效如何？

- 下次我会怎么做?

```

```

参考文献

International Institute of Business Analysis (IIBA), 2015. *A Guide to the Business Analysis Body of Knowledge® (Guide®)*, v3. Toronto: IIBA.

1.7 简洁而精确: 引入单页问题画布

为什么

正如本章前几节所提到的, 为了使我们解决问题的活动获得成功, 我们必须"立场一致"(on the 'same page')。至关重要的是, 我们和我们的利益相关者对我们正在解决的问题的性质和范围能达成共识。同样重要的是, 我们要强调每一个限制性条件——这些是不可更改的事情——以便我们想出可行和可实施的解决方案选项。

人们很容易过早被诱导沉浸在细节里, 对已察觉的问题和可能的解决方案进行细节数据的考察。然而, 这可能会导致"分析瘫痪"—— 一种我们过早地深入研究太多细节模式, 导致它几乎不可能做出决定。在我们花费太多精力之前, 确认我们对问题的全局有一个共同的看法是非常有价值的。

将问题总结到一页的"问题画布"上是一个非常有用的方法。此画布是定义和记录问题范围的简明而精确的方法, 在第 6 章中详细解释了这个画布。您可以通过访问 www.problemsolvingbook.co.uk 网站来下载画布模板。

知识简介

即使是最复杂的情况，通常也是可以提取到一个单一的页面上的，这样做可以帮助我们使计划成型，并关注最重要的元素。有一个结构化的模板或画布帮助我们避免忽略任何关键方面。丰田就曾提倡使用视觉管理和使用 A3 纸尺寸大小的单页报告，这一举措业内闻名。

"A3 报告经常张贴在可视化的显示板上；他们是标准化的，遵循一定的模式而设计，可以让人一目了然地了解和消化。很难想象一个解决问题的实践不涉及创建系统或过程的图表，因为这些图表可以帮助人们疏理他们的想法，并确保没有遗漏任何东西。

(Liker 和 Convis，2012)

当利用单页报告或画布时，有一点非常关键：关注我们所选择显示的信息的质量及其相关性。重要的是，我们会将此文档视为关键的沟通辅助工具——而不是只在解决问题过程中用来打勾的步骤方框。我们的重点是要确保既简明又精确——我们的目标是快速明确地传达问题和潜在的解决方案。

问题画布的每个部分都会在本书的后续章节中详细阐述和解释。画布上的关键部分直接指向 1.3 节中提到的三个问题：

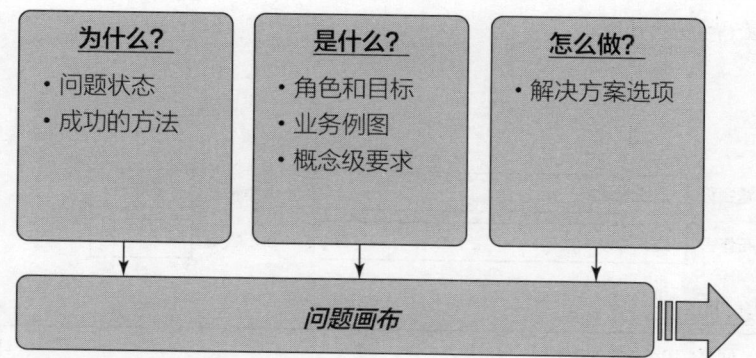

资料来源：Blackmetric业务解决方案

下面是画布上主要部分的快速参考指南：

问题	问题画布组成	总结	详述的章节
为什么?	问题 / 机会描述	一个关于需要解决的问题（或机会）的简明准确的陈述	2.2
	成功的方法	帮助我们跟踪成功的关键因素（CSFs）和关键性能指标 KPIs)	3.2~3.4
是什么？	指示性范围	使用"角色和目标"技术和 / 或绘制业务例图来指明问题的范围	4.3~4.5
怎么做?	确定的潜在解决方案选项	可供考虑的潜在解决方案列表	5.1~5.7

示例：*问题画布*

问题名称	**占线电话线**	画布编号	1203-17
画布作者	西蒙 Bannatyne	画布版本	1.0

问题 / 机会描述

问题： 电话线路拥挤繁忙

影响： 客户和呼叫中心员工

后果： 我们失去了潜在的销售，因为客户无法接通电话

一个成功的解决方案： 使客户能够快速获取信息并迅速购买，不会被耽误，从而增加销售收入（和利润）。

概念级要求

总结：

使客户能够快速高效地：

- 下单
- 查询单进

指示范围：

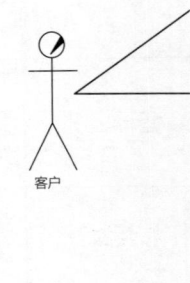

客户

确定的潜在解决方案选项：

选项	说明
重整网站 在线接收订单	也会降低交易成本
安装智能呼叫线路	确保客户第一时间找到合适的人员
重整网站 提供更好的信息 （但无交易）在线	降低成本选项 使客户能够在线获取简单查询的结果
安装更多电话线和聘请更多代理商	同比例增加

来源：Blackmetric 业务解决方案

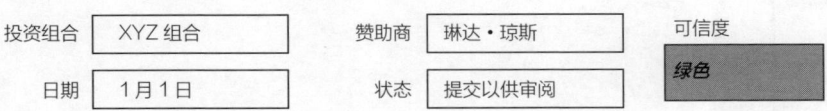

投资组合	XYZ 组合	赞助商	琳达·琼斯	可信度
日期	1月1日	状态	提交以供审阅	**绿色**

成功的好处 / 措施

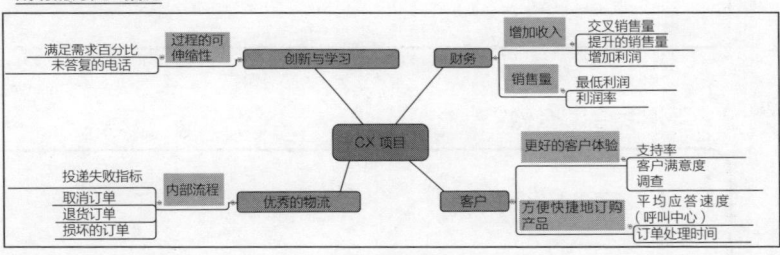

满足需求百分比
未答复的电话
过程的可伸缩性
创新与学习
财务
增加收入
交叉销售量
提升的销售量
增加利润
销售量
最低利润
利润率

CX 项目

更好的客户体验
支持率
客户满意度调查
方便快捷地订购产品
平均应答速度（呼叫中心）
订单处理时间

投递失败指标
取消订单
退货订单
损坏的订单
内部流程
优秀的物流
客户

在此处附加信息 / 附录：

包括信任度，额外的要求，
手绘稿等

在此处附加 CARID 日志

（限制性条件、假设、风险、问题、附加项）

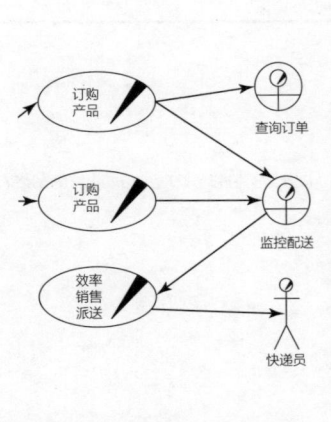

订购产品 — 查询订单

订购产品 — 监控配送

效率销售派送 — 快递员

建议的后续步骤

1. 进行可行性研究，确定哪些潜在的解决方案
   最合适
2. 收集高层次的业务需求
3. 总结出一个业务案例以确定可量化的收益

所需资源：

预计完工日期：11 月 1 日
1 BA 要求

反思

- 成效如何？

- 下次我会怎么做？

参考文献

Liker, J.K and Convis, G.L., 2012. *The Toyota Way to Lean Leadership,* New York: McGraw-Hill.

第2章

得出解决方案前要思考的问题

2.1 "为什么"的重要性

当解决问题时，彻底评估和理解当前情况、避免直接跳到可能正确的解决方案的结论上非常重要。当我们生成不同的解决方案选项时，解决问题的效果最好。在被提到议事日程上的多种可能性中，我们可以通过比较、对比来评估每个选项，并就哪一个最重要得出结论。

这首先要从彻底了解"这个问题为什么会是个问题"开始。有必要考虑：

- 这个问题为什么会产生。

- 为什么这个问题值得解决。

在整个第 2 章中，这些主题都会进行研讨。

资料来源：Marekuliasz/Shutterstock

这样做

在着手解决问题的时候，花时间去评估为什么这个问题很重要，根本原因是什么。五个"为什么"的技巧是极有用的，因为它允许我们探索和理解一个特定的利益相关者对问题起因的看法，它也可以帮助我们揭示这个问题值得解决的理由。

2.2 定义问题或机会的陈述

解决问题首要的一步就是定义它。利益相关者往往对正在思量的问题，以及问题解决工作的范围在理解上有微妙（或极大）的不同。如果不加控制，则可能会导致冲突和与预期的不匹配——我们可能会在某种程度上解决了问题，却忽略了一部分利益相关者的需要。或者，更糟的是，我们可能会无意中使一部分利益相关者的情况更糟糕。

问题（或机遇）可以用简明准确的问题或机遇叙述来定义。与利益相关者一起做此定义，以确保每个人都意见一致，并对正在审查和解决的问题的性质和范围有明确的看法。这个问题将有助于管理期望，并使解决问题的行动在正确的轨道上和在商定的范围内运行。

资料来源：Michael D Brown/Shutterstock

这样做

与利益相关者合作，创建简洁、一致的问题或机会的陈述。确保在措辞上达成一致。一个有用的问题陈述格式，根据 IIBA 的《企业知识体系分析指南 2.0》提供的，应当是：

……的问题影响了……，这将会导致……的后果，一个成功的解决方案应当……。

2.3 鼓励发散性思维与收敛性的思维

在解决问题时考虑不同的思维方式是有用的。发散性思维和收敛性思维是两种对立而互补的方式。

当我们最初进行头脑风暴时，也许是为了揭示影响问题的潜在因素（或者最初创建潜在解决方案的"长清单"），鼓励发散性思维是有益的。我们鼓励各种想法，而（尚且）不用评估它们是否可行或有效。我们鼓励数量超过质量。

然而，在问题解决过程的后续阶段，我们将鼓励收敛性思维——将潜在因素（或潜在的解决方案）的长清单压缩成相互关联的内容。

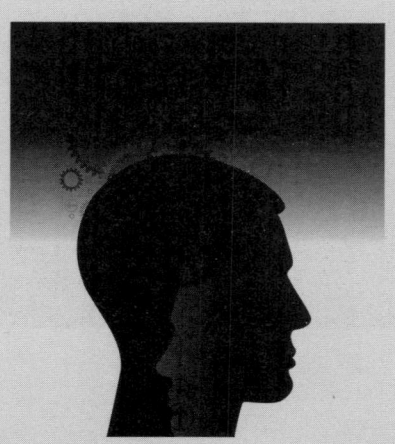

来源：VLADGRIN/Shutterstock

这样做

在整个解决问题的过程中，需要思考收敛性思维或发散性思维是否最有用 / 最合适。确保创造性思维 / 头脑风暴练习是设计成鼓励这些思维的——而且要记得在同一场活动中可以进行切换，并为参与者予以适当介绍。

2.4 直达问题根源

当一个问题最初呈现在我们面前时，我们可能会观察症状。我们可能会看到利润下降，或者客户投诉上升。虽然了解症状的性质和严重性很重要，但评估和理解其根本原因更是至关重要。治疗这些症状可能会有暂时的缓解，但解决根本原因才能防止问题在不久的将来复发。

如前所述，"五个为什么"技巧可以是一个非常有用的起点。除了这一点，利用鱼骨图来思考和归类问题的各种基础和成因也很有用。

资料来源：Orla/Shutterstock

这样做

与您的团队和任何其他感兴趣的利益相关者一起创建鱼骨图。广泛思考导致这个问题的成因。随着问题解决方案的积极推进，且持续获得了对该问题更全面的理解，不断改进和迭代鱼骨图。

2.5 思考外部环境

所有组织都不是存在于一个自给自足的气泡中，它们受到了超出其边界和控制范围的各种因素的影响和冲击。就像船上的船员评估拟定的路线和考虑天气与潮汐问题一样，了解我们外部环境不断变化着的影响也很重要的。这些影响包括政治、经济、社会文化潮流等方面。在许多情况下，这些因素可能会对可用的解决方案产生限制——比如：法律、法规可能会禁止我们以某种方式解决问题，或者社会潮流变化可能意味着某些解决方案会比其他的更"时髦"。

因此，当积极着手解决问题的时候，我们必须分析和评估外部的商业环境。这将有助于防止我们交付一个我们自认为完美，但最终却会被拒绝的解决方案，因为它与商业环境不协调。

资料来源：SergeyDV/Shutterstock

这样做

使用外部商业环境分析技术，如使用"STEEPLE"来分析和思考更广泛的情况。

2.6 多角度思考问题

如第 2 节所述，可能会有许多利益相关者（或受影响者）对正在探讨的问题感兴趣。他们可能对我们试图解决的问题有截然不同的看法。重要的是，我们要将他们的意见考虑进来，以便我们（最好是）创建一个满足各方需求的解决方案。同样重要的是，这些利益相关者可能持有我们彻底了解问题和任何潜在解决方案的关键。

在广泛的利益相关者的参与下，我们的目标是全面和连贯地看待问题的局势，同时从需要参与的人或将受到影响的人那里获得助力。

来源：VLADGRIN/Shutterstock

这样做

问一些问题，比如"谁可能会受到这个问题的影响？"或者"谁可能对这个问题的解决方案感兴趣？"花时间去理解不同的观点，在有矛盾的地方，把人们聚集在一起讨论。

2.7 取得共识，向前迈进

将利益相关者汇集在一起是有帮助的，但最终我们必须取得共识，并一齐向前迈进。我们以前讨论过的图表和手绘图（包括问题陈述和鱼骨图）可以用来创建对话。当有更多可用信息时，它们可以迭代构建和逐渐微调——当在探索对现存问题一致观点进行验证时，它们非常有用。

将人们聚集在一个问题验证研讨会上非常有效。任何意见分歧都可以讨论和希望解决。鱼骨图和问题陈述可以被注释和更新，以创建每个人都同意和购买的版本。

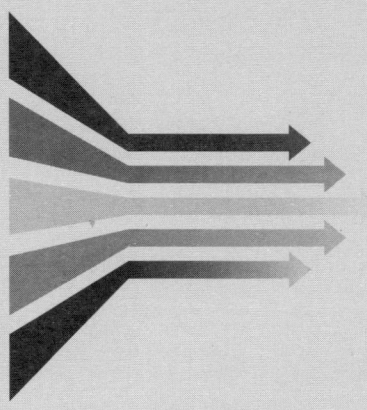

来源：Vector-RGB/Shutterstock

这样做

　　将人们聚集在一起，以确保对这个问题有一个共同的理解。使用问题陈述和鱼骨图来驱动对话。添加注释，鱼骨图中有一个范围边界，表明哪些根本原因／促成因素是在问题解决工作的范围内（哪些又不是）。

详解

2.1 "为什么"的重要性

为什么?

近年来,有一个危险的流行语,已经悄悄潜入许多管理者的意识。看似无害的话语常常被用来推动紧急行动,往往没有足够的深谋远虑。我敢打赌你听过这句话:"不要给我添麻烦,给我解决方案!"

这句话的背后的意思是有道理的——管理人员和其他利益相关者希望了解问题和可用的解决方案以使问题得到解决。然而,这句话经常以如此紧急的方式说出来,导致团队对第 1 章所概述的那种下意识的反应充满信心。它会导致不必要的紧张,并让我们倾向直奔第一个解决方案,而不去探索是否有其他更好的选择。现在是我们重新定义这句话并将其带入 21 世纪的时候了。有一个微妙不同但明显更有用的版本将是:"不要给我解决方案,给我一个对问题的彻底理解和方案选择!"

这个向理解和评估问题的转变是很重要的。它让我们在继续深入之前,将重点转向了确保我们对"为什么有问题(以及为什么这个问题很重要)"有一致的理解。这种对"为什么"的一致理解是至关重要的,它将确保我们能够巧妙制定待选方案,以使我们的客户和利益相关者对其结果满意。它可以从几个角度进行检查,包括:

· 为什么出现这个问题(根源何在)?

· 为什么这个问题值得解决(预期的好处/期望的结果有什么)?

来源：Rashevskyi Viacheslav/Shutterstock

本章和第 3 章将讨论理解这两个角度的技巧。

知识简介

为了获得对问题的深入了解，我们可以部署一些有用的技巧。一个直观简单，但往往富于启发性的技巧就是"五个为什么"。

当使用"五个为什么"技巧时，我们会问一些了解问题情况的人为什么问题会发生，并且要问好几次。每一次，我们都在进一步深入、步步接近最终的根本原因。我们可能需要问为什么超过五次——我们甚至可能需要向这些利益相关者提出这些问题。事实上，我们可能会选择稍微调整一下每个问题，因为仅仅是重复五次"为什么"可能会被一些人认为是叨扰！

让我们举个例子。想象一下，我们正在一家邮购零售公司工作——即那种向客户寄送产品目录，随后客户会通过电话订购产品的组织。公司已经开始收到大量的客户投诉——事实上，它现在收到投诉的速度比它能够响应的速度还要快。我们希望实施一个新的投诉处理程序，以确保可以迅速处理好投诉——但我们觉得这是有点下意识的反应。也许我们觉得，与其改善投诉处理程序，不如了解投诉的根本原因并加以解决！因此，我们决定利用"五个为什么"技巧来发现更多。我们的谈话可能会是这样的情况：

Q1：你能告诉我为什么你热衷于实施一个新的投诉处理程序吗？

A1：当然可以。在过去 12 个月里，我们看到投诉数量大幅上升，导致投诉远超出我们所能处理的能力。

Q2：为什么投诉水平会上升？

A2：原因有很多——但一个重要因素是，我们已经开始吸引到更多的客户。

Q3：为什么吸引到了更多客户会成为问题？

A3：更多的客户是一个很好的事情，当然问题在于，我们的客户订单高峰与低谷趋势，往往是对特别优惠和营销活动的反应。当高峰期的时候，我们不能很快地把他们的订单转移。

Q4：为什么您不能快速地转移订单？

A4：因为我们没有足够的人手。

Q5：你能告诉我为什么总是没有足够的员工可以安排工作吗？

A5：这就真的回到我刚才所说的——我们的人员配备水平是静态的，一年前引入了禁止加班制度。由于需求的高峰和低谷，我们往往无法满足需求。

当然，我们可以继续下去，但仅仅在五个问题中，我们已经对这个问题有了更透彻的了解。事实上，在这个案例中，与其简单地改善投诉处理流程，不如在预测和管理需求方面下工夫来得更有价值，这样一开始就不会有投诉了！

如何做

1. 在没有充分了解问题的情况下提出的解决办法要能认识到。

2. 鼓励小组后退一步，在开始进入解决方案之前检查问题的情况。鼓励关注根本原因。

3. 用"五个为什么"来更好地了解问题及其根源。

4. 利用本节中的其他问题分析技术，对问题提出全面的看法，并得出所期望的结果。

反思

• 成效如何？

• 下次我会怎么做？

2.2 定义问题或机会的陈述

为什么

像"五个为什么"这样的技巧是有价值的，但往往不同的利益相关者对我们试图解决的问题有着稍微不同的看法。每种观点都可能是有效的，但重要的是，对我们试图解决的问题需要能达成共识和一致的理解。否则，我们最终得出的解决方案，可能只能满足某些利益相关者的需要，但却会从根本上忽略了另一些利益集团的核心诉求。

知识简介

"如果给我一个小时来拯救地球，我会花 59 分钟来定义这个问题，再花 1 分钟来解决它。

（阿尔伯特·爱因斯坦）

问题陈述是一个或者两个简明而精确的、阐明范围和表述问题的段落。它的目的是建立共识，使所有利益相关者达成共识——这是我们应该解决的特殊问题或机会。它应该尽可能简洁——精炼的问题陈述将有助于确保它易于阅读和消化。它不需要涵盖问题的每一个细节或细微差别，但它将作为我们进一步的问题解决活动的一个有用的指引灯塔。

重要的是，问题陈述应提炼和阐明问题的已知根源和所需的结果。

资料来源：Michael D. Brown/Shutterstock

如何做

建议的问题陈述，如《企业知识体系分析指南》中所说，如下表所示：

……的问题	本节描述了问题的属性。它将综合利用"五个为什么"和其他技术获得的信息。
影响了……	这个问题主要影响谁？谁是我们的重要利益相关者？
这将会导致……的后果	这个问题产生了哪些不良影响？这种影响有多大？
一个成功的解决方案应当……	如果问题得到解决，我们将会取得哪些成果？

根据此前章节的讨论中所构建的示范，一个可能的问题陈述可以是这样的：

投诉增长的问题要归因于高峰期无法快速处理客户订单。

影响了我们的客户（他们很失望）、我们的仓库工作人员（他们跟不上需求）和我们的呼叫中心员工（他们必须应付不满的客户）。

这将会导致订单取消、名誉受损和投诉增长——所有这些将会导致运营成本上升和利润下降。

一个成功的解决方案应当确保我们可以预估和管理需求，以允许我们及时地处理订单，这可以提升客户满意度，减少运营成本并最终提高利润。

综合以上两种技巧（"五个为什么"和问题陈述），我们已经克服了投身一个下意识解决方案的诱惑，而且我们创建了一个简短、言简意赅的陈述来指导下一步的工作。当创建此类型的问题陈述时，迭代是很正常的——最初的版本几乎可以肯定是不完善的。与利益相关者召开一个研讨会来完善措辞并创建一个每个人都认同的问题陈述是有用的。这将会成为未来工作中的有用的指引灯塔。

在某些情况下，我们会期待处理一个机会，而非问题。在这种情况下，我们可以稍微调整问题陈述的模板，使其成为一个机会陈述：

……的机会	本节描述了机会的属性，以及为什么应当抓住它。
将会带来……好处	这个机会将会给谁带来好处？将会被积极影响的重要利益相关者是谁？
这将会导致……的后果	这个机会将会产生哪些积极影响？这种影响有多大？
一个成功的解决方案应当……	如果把握到了这个机会，我们将会取得哪些成果？

反思

- 成效如何？

- 下次我会怎么做？

参考文献

International Institute of Business Analysis (IIBA), 2009. *A Guide to the Business Analysis Body of Knowledge® (Guide®)*, v2. Toronto: IIBA.

2.3 鼓励发散性思维与收敛性的思维

为什么

正如前几节中提到的，通常在检查问题时，我们的第一反应是扑在一个潜在的解决方案上，然后转向实现它。不过，为确保取得正确的结果，我们需要更全面地探讨这个问题。考虑两种与解决问题相关的思维方式是有益的。

知识简介

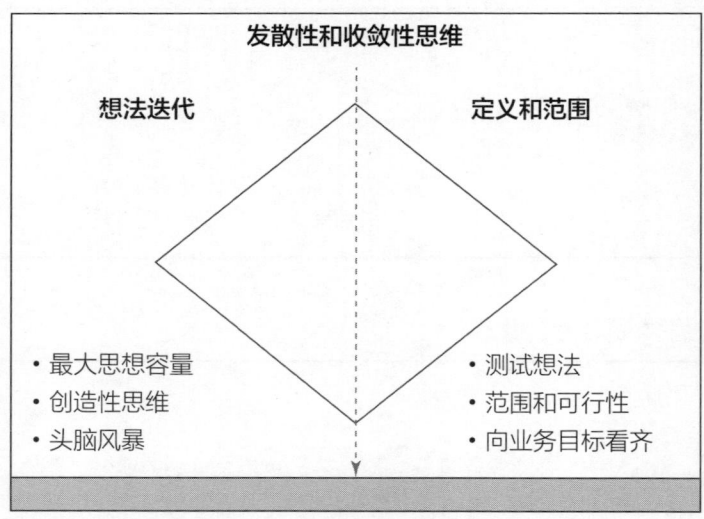

资料来源：观点改编自《创造性问题解决——Bas的瑞士军刀》。伦敦：发表于2011欧洲会议。

一方面，发散性思维鼓励尽可能多的选择或机会。例如，如果你曾经在你产生想法的地方举行过头脑风暴，你会一直在思考发散性思维。关键是，当思考发散性思维时，关掉（或者至少拒绝）我们内心的批判精神是有益的。当头脑风暴时，我们可能会发现有些生成的想法是古怪的，捕获它们不太可能——至少在这一节点上——会有什么用。尽管它们听起来很古怪，但我们以后可能会以某种方式整合或调整它们，以使它们得以实施——而如果我们让内心的批判精神自我审查，我们就会失去这个机会。

例如，如果我们正在头脑风暴，思索如何解决市中心的交通拥堵问题，那么像是"建立地下的第二交通网络"这样的想法可能会立即出现在脑海中。显然，这是一个不太可能的解决方案——但是看到这个左派的想法可能会导致其他人得出更可行的想法。也许"地下"这个词会让其他人产生共鸣，像"鼓励使用现有的地下火车 / 地铁过马路"这样的想法可能就会引起注意。另一个对地下的关注可能会使人转而思考天空——也许会贡献一个比如"将移动城际货运从公路运输转移到轻型飞机运输"的想法。也许这些想法是不可行的，但是他们可能本身会引发其他更可行的想法。

另一方面，收敛性思维鼓励集中、优先级排序和评估现有数据，以找到一个合适的答案。在产生了成百上千的想法之后，创建一个简短的列表是至关重要的。这种思维要求我们对自己的一些想法进行实际检验与考察。我们将考虑到各种限制性条件和偏好，以便将最可能的解决方案汇合。

因此，当我们将在头脑风暴中产生的数以百计的想法减少到可管理和可行的少数几条时，我们就是在用收敛性思维思考。

如何做

在解决问题的过程中，与你的利益相关者分享收敛性 / 发散性思维导图很有用，并借此机会解释两种不同（但互补的）思维方式。在会议和工作室中与利益相关者合作时，这使我们能够明确地标出我们要瞄准的思维类型。这种视觉速记可以确保每个人都立场一致。

反思

* 成效如何？

* 下次我会怎么做？

参考文献

Perspectiv, n.d. *Creative Problem Solving - The Swiss Army Knife for BAs.* London: presented at BA Conference Europe 2011.

2.4 直达问题根源

为什么

正如第 2.1 节所述，"五个为什么"的技术有助于我们对情况有一个全面的了解，并将使我们更接近问题的根源。但是，使用各种技术来确保我们得到透彻的理解是很有用的。这也为我们提供了机会，以验证我们与利益相关者对问题的理解。

一种可以提供帮助的技术是鱼骨图。

资料来源：Tuulijumala/Shutterstock

知识简介

鱼骨图（或石川图）是由薰石川所构思的一种技术，用于分离原因与结果。它有助于将结构添加到问题解决方案中，而且当与头脑风暴和其他如"五个为什么"的技术一起使用时，可以帮助我们更接近问题的根源。

如何做

鱼骨图由许多元素组成。问题放在右手边，成为鱼的"头"。这个问题会被从许多不同的角度来研究，呈现出鱼的第一组"骨头"。在下面的示例中，用到了以下类别：

类别	释义	举例
政策	影响或导致问题的高级组织政策或决策	招聘冻结意味着不可能更换工作团队的主要成员
进程	促成或导致问题产生的过程和进程	销售过程集中在结束销售，但并不总是导致准确的订单细节被提取 在对投诉作出答复之前，需要进行三项审查（导致延误）
人员	与人有关的问题——包括他们是否接受了适当水平的培训，是否有足够的资源，等等	新员工未受过培训 没有员工评估程序 缺乏对员工的反馈
设备（技术）	工厂和机械——在服务环境或信息丰富的业务中，这可能涉及 IT 系统	IT 系统提取交货日期 IT 系统不集成，导致需要手动密钥更新（这容易出错）

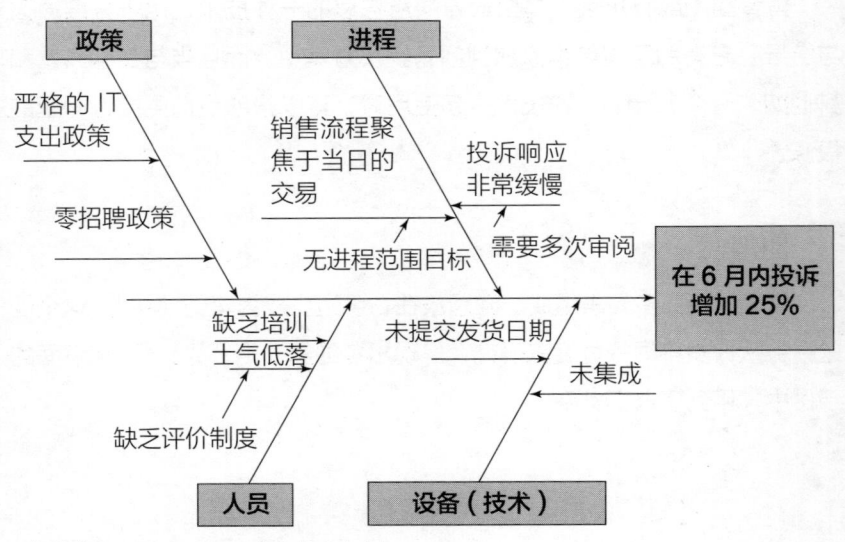

资料来源：Blackmetric 业务解决方案

在头脑风暴的同时，其他相关的调查同步进行，以找到可能的原因。每个原因之间的关系开始显现，对向的多条"鱼骨"往往是主要的原因，次要的和第三重的原因也显现出来。当我们将它不断更新，鱼骨图会是最有用的——当它变得可用，我们可以添加更多的信息。

随着鱼骨图的创建，我们可能会发现某些因素会更重要，或者是会比其他因素造成更大的冲击。这些往往是我们有必要立即关注和调查的原因。

反思

- 成效如何？

- 下次我会怎么做？

2.5 思考外部环境

组织不是存在于泡沫之中；他们受到许多重要因素的影响，这些因素都在他们的直接控制之外。我们不仅要了解组织中导致问题的因素，还应该考虑外部因素的相关性。例如，如果销售收入意外下降，这可能是由于新的竞争对手进入市场，或者竞争对手已经开始在线销售并提供优质服务。STEEPLE 就是一个帮助我们找出和思考这些外在因素的大有用处的技巧。

资料来源：Marafona/Shutterstock

知识简介

STEEPLE 是一种帮助我们检查外部环境的技术。它帮助我们揭露影响行业的社会（Social）、技术（Technological）、经济（Economic）、环境（Environmental）、政治（Political）、法律（Legal）和道德（Ethical）因素。它通常用于宏观层面的战略分析技术，可用于在商业环境中查找机会和威胁。然而，在解决问题时同样考虑这些环境因素也很有用。这可能有助于我们识别那些我们必须遵守的限制性条件（例如，将影响我们问题解决方式的法律或法规）以及能够帮助我们解决问题的机会。

STEEPLE 有许多的变体——你可能也听到过 PEST，STEP 和PESTLE——这些都是能取得相同结果的相似变种。其他讨论互补技术的有用资源可以在"参考文献和延伸阅读"中找到。

如何做

在进行 STEEPLE 分析时，可以从以下角度思考组织的外部环境：

因素	说明
社会	包括商业环境的趋势、时尚和社会文化方面
技术	包括新兴技术可利用性
经济	外部经济因素，如经济衰退或繁荣
环境	可持续性问题——例如海平面上升或更炎热的夏天
政治	地方、国家或国际政府的任何政治因素——可能包括贸易制裁、贸易关系等
法律	必须遵守的法律和法规
道德	与道德因素有关的外部考量因素和压力——例如，越来越多的组织从"血汗工厂"的环境中转移业务

通常 STEEPLE 的各种因素可以通过研讨会、头脑风暴以及与相关利益相关者一对一的对话来探讨。如果有时间的话，更正式的研究也会很有用。

以我们的邮购零售商为例，各种因素可能包括：

因素	举例
社会	• 越来越多的客户从基于产品目录的购物向线上商店转移的趋势对业务构成威胁 • 行业新进入者带来了对快速服务越来越高的期望：在过去，送货标准是 28 天，而现在客户期望第二天送货 • 消费者权益意识的提高意味着客户更有可能退货 • 对特别优惠 / 折扣的预期提高，以及客户使用比价网站的倾向 • 一些客户正在远离"街头"购物，为目录零售商提供了机会
技术	• 互联网和移动应用程序技术的可用性是一个潜在的机会 • 软件供应商有"现成的"、新的计划和需求跟踪系统可用 • 分析和跟踪包裹成为可行
经济	• 从衰退中恢复意味着可支配收入的增加 • 邮购零售市场的竞争残酷，利润率在下降
环境	• 增加对本地购物的关注，以避免包裹"碳足迹" • 对产品、特定包裹和配送中使用的包装数量的关注在提升
政治	• 快速解决消费者投诉的政治压力增加 • "重量"规则对远距离销售的威胁增加
法律	• 远距离销售的规则限制了我们的销售进程
伦理	• 关注 最低工资水平，更注重"生活工资"

与 STEEPLE 类似的外部分析技术的一个关键因素是，组织本身不可能直接改变其中任何一个因素。例如，我们的邮购零售商不能改变远距离销售规则（尽管它可能会通过与其他类似的零售商合作和游说政府的方式来改变规则）。然而，这些因素在限制了组织运作方式的同时，也为其提供了机会。在以后探讨和评估潜在解决办法时，必须牢记这些因素。

反思

- 成效如何？

- 下次我会怎么做？

2.6 多角度思考问题

为什么

如第 2.1 节所指出的那样，可能有许多利益相关者（或受其影响者）会对我们正在审查的问题感兴趣。不同的利益相关者对问题的看法可能稍有不同，如果问题很复杂，我们可能会发现，没有哪一个单独的利益相关者会理解问题的全部。

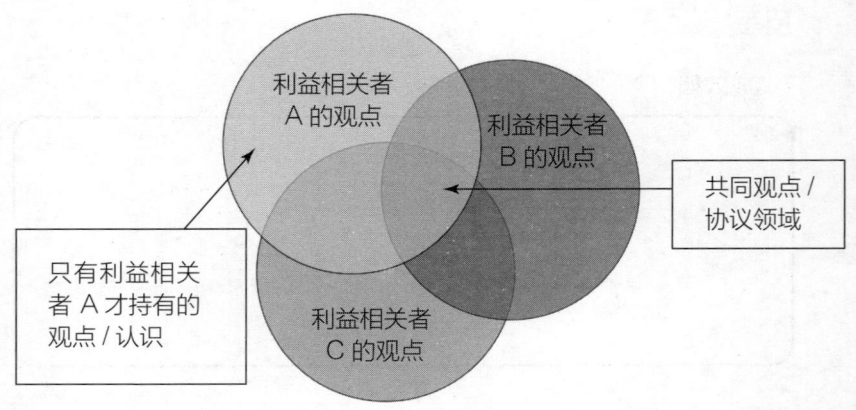

知识简介

为什么考虑一个问题的多个方面有价值？原因有很多：

- **完整性：** 确保利益相关者的意见得以展现，将有助于确保我们尽可能透彻地了解这一问题——并将确保我们分析和考虑到了所有可查明的根本原因。如果我们只依赖一个角度，我们可能会遗漏重大、重要的细节。

- **一致性：** 通过让利益相关者参与其中，我们可以确保对我们正在试图解决的问题有一个协同一致的看法。我们要确保每个人立场一致。我们基于之前图表中心的"共同观点"构建，并确保视图和期望是一致的。

- **承诺：** 广泛地咨询，确保我们有机会建立融洽关系，理解人们的观点，并（希望）获得积极解决问题的承诺和认同。

如何做

关键的是要积极推进识别利益相关者，并使其参与到我们的解决问题过程中来的活动。第 2.1 节提到的利害关系方识别和归类技巧可以帮助启动这个过程，但是在积极解决问题的整个行动中，我们应该：

1. 问一问"还有谁可能受到这个问题的影响？"或者"谁可能对这个问题的解决方案感兴趣？"与他们会面，举行研讨会，让他们感觉到他们的声音有"被听到"。

2. 提取每个利益相关者对"真正的问题是什么"的看法。

3. 使用诸如"五个为什么"的技巧，深入了解利益相关者对问题的认知。

4. 当意见发生分歧时，汇聚各方共同讨论。

5. 使用鱼骨图和问题陈述等技术，促成小组对问题的范围和规模的讨论。

反思

- 成效如何？

- 下次我会怎么做？

2.7 取得共识，向前迈进

为什么

定义问题是很重要的，但我们必须就问题的范围、性质和根源达成共识。这将确保我们能够就首先解决哪个根本原因，以及问题的哪些部分在范围内（而哪些则还需要等待）达成一致。确保早日达成共识，以减少之后发生冲突的风险——因为我们可以更有信心地认为，每个人对我们正在努力解决的问题有共同的看法。

知识简介

获得共识与其他科学一样，都是一门艺术，但利用本章中已经概述的技术将会有所帮助。特别是经过多次与相关的利益相关者交流后，不断更新迭代地创建一个鱼骨图，会是有用的。该图会成为一个"会话启动器"，可用于研讨会中，以验证我们对根本原因的理解。通常，利益相关者将获得其他人的赞赏，这有助于避免以后发生冲突。我们甚至有必要强调鱼骨图的重要性，以展现问题的要素，不管这些要素在不在我们问题解决计划的直接范围内。

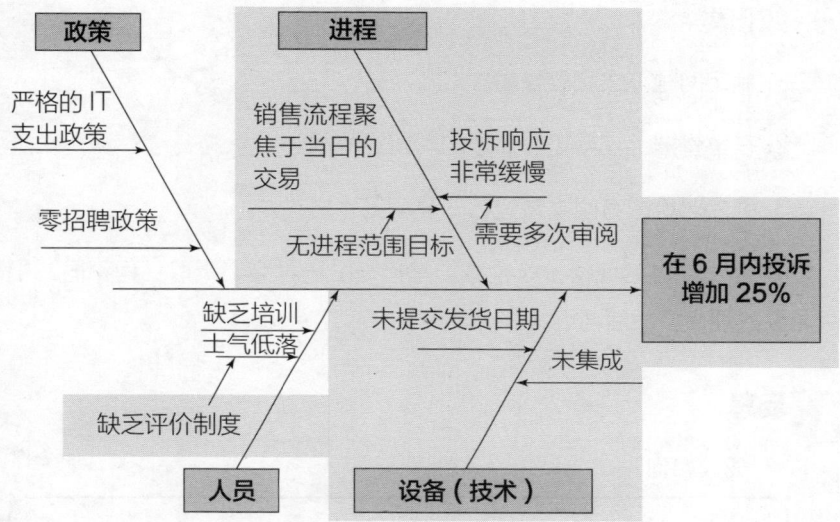

阴影区域在我们问题解决计划的范围内

　　问题陈述也是获得共识的有用工具。这种简洁而精确的人工产物往往会导致很多关于精确措辞的争论。虽然这会令我们感到不便，但从长远来看，往往是非常有用的。例如，我们可能会发现，某一位利益相关者在问题陈述中反对使用"客户"这个词，更倾向于使用"零售客户"。这可能看起来会像是迂腐的，但它可能实际上是相当重要的。它可能强调了我们有不同类型的客户，这会提醒我们需要进一步调查。

　　在问题解决计划中，一个写得很好的问题陈述极其重要。将它打印出来放在会议上随手可得的地方和会是很有用的。当我们开始与我们的利益相关者讨论更详细的要求和潜在的解决方案时，我们可以确保所提出的每个要求都有助于解决这个问题。如果没有，那么也许这不是我们需要考虑的要求。或者，如果这是一个真正的要求，也许问题已经扩大（我们需要重新审视问题陈述）！这将帮助我们保持在预设的轨道和范围内，并将有助于避免范围蔓延。

如何做

1. 制定问题陈述和鱼骨图。

2. 在鱼骨图上注释正在处理的问题的范围。

3. 确保对范围有明确共识和一致意见。

4. 停止并讨论任何分歧领域。举行一个研讨会，听取任何不同或相互矛盾的观点，然后再继续。

反思

• 成效如何？

• 下次我会怎么做？

第**3**章

定义结果：怎样才算成功？

3.1 鼓励结果导向思维

在我们完全确定问题之前，我们和我们的利益相关者很容易在不经意间回到面向解决方案的思维中去。这可能导致我们随意地选择一个解决方案，结束进一步讨论其他可能更好或更合适的解决方案，从而产生不良影响。

从解决方案转向以结果为导向的思维可能会有帮助。在第 2 章中，我们讨论了对当前状态的理解和分析——这只是全貌的一部分。我们还必须确定我们想要实现的目标或"未来状态"。重要的是，我们要定义成功的样子，本章更详细地剖析了这个想法。

对于结果导向思维，一个有用的第一步是强调和重构我们所听到的任何倾向解决方案的陈述的框架。例如：

倾向解决方案的陈述	重构框架响应
我们需要一个新的计算机系统，以便能够更快地响应客户	如果我理解得没错的话，这里的核心目标是更快地响应客户，你也提到了一个新的计算机系统是实现这一点的一种方法。还有什么其他的潜在解决方案对你很重要？还有什么其他的目标或结果是你想要实现的吗？ 结果：更快地响应客户

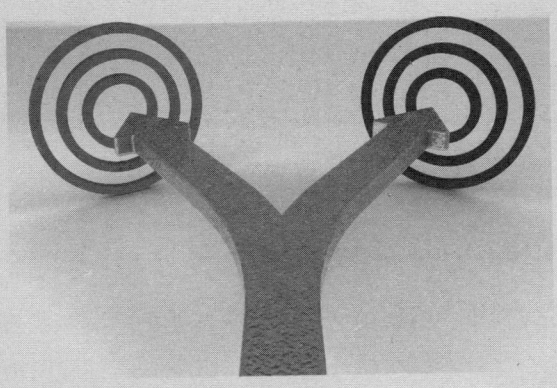

资料来源：Scrugglegreen/Shutterstock

这样做

  发现倾向解决方案的陈述。重构这些陈述的框架，聚焦于结果而不是解决方案。这是一个有用的方法，让我们能够对所期望的业务结果有初步了解——随着问题解决计划的推进，这种理解可以得到改进。

3.2 牢记从结局开始：定义成功的关键因素

  关键成功因素（CSFs，Critical success factors）可以定义为：

  "组织为了获得积极的绩效而必须取得成功的方面。"

（保罗、卡德尔和耶茨，2014）

  CSFs 通常是在宏观（组织）层面上的定义，但在项目或解决问题行动层面上同样重要。他们帮助我们确定了行动目标，并帮助我们阐明为什么要解决这个问题。

  CSFs 一般是定性的，最初我们不需要定义如何测量它们。CSFs 的示例可能包括：

- 完美服务的世界级声誉

- 准确物流配送

CSFs 显示了该项目的广阔目标，重要的是它们与任何总体组织的 CSFs 和公司的战略是一致的。

使它们可测量是很重要的，下一节将对此进行讨论。

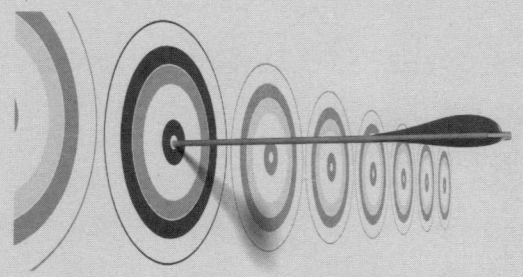

资料来源：Olivier Le Moal/Shutterstock

这样做

　　通过研讨会、头脑风暴和一对一的对话，引出关键的成功因素 (CSFs)。问一问这样的问题：

　　"我们如何知道问题何时解决？"

　　"什么样的具体结果对你很重要？"

　　"一旦我们取得成果，该组织看起来、感觉上会是什么样的？"

　　"还有什么其他的是我们需要实现的？"

　　"我们需要避免什么？"

　　"成功，看起来、听起来和感觉上会是什么样的？"

3.3 使用关键绩效指标使其可测量

　　任何关键的成功因素 (CSFs) 都要是可以衡量的，这点很重要。这可以通过确定相关和可衡量的关键绩效指标来实现。

关键绩效指标 (KPIs，Key performance indicators) 可以定义为：

"为了评估组织的绩效而监测的特定绩效领域。为了监测关键成功因素的进展情况，经常需要识别关键绩效指标。"

（保罗、卡德尔和耶茨，2014）

正如定义所暗示的那样，KPIs 通常是应用在组织层面上——但是，为项目、问题或问题解决计划而定义它们也同样有用。KPIs 和 CSFs 之间的关系如下图所示：

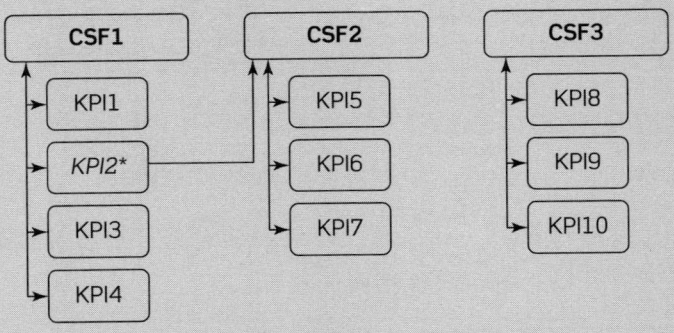

* 在本示例中 KPI2 同时帮助测量 CSF1 和 CSF2 的进展

每个 CSF 都应该至少有一个 KPI，一个 KPI 可能与一个或多个 CSFs 相关。每个 KPI 都应该是明确的，这样就可以非常清楚地知道如何进行测量。

这样做

与利益相关者合作，确定他们将采取哪些措施来衡量是否取得了成功的结果。对于每个 CSF 至少明确一个（但通常不止一个）KPI。

3.4 用平衡业务记分卡取得平衡

在前几节中，我们讨论了使用关键成功因素 (CSFs) 和关键绩效指标 (KPIs) 定义所需的结果。一旦我们开始讨论测量结果，我们可能会无意间激发出意想不到的结果，这是一个内在的危险。正如老话所说："你的检验所得不是你所期望的。"

如果我们把测量集中在一个特定的绩效领域，我们可能会无意中影响到其他方面。例如，如果呼叫中心经理得到指示奖励平均通话时间达到三分钟的员工（并批评那些没有达到这一点的员工），他们可能会发现，他们会有很多花三分钟打的电话，但许多客户却非常不满意（至于呼叫中心的工作人员，可以理解为是在专注于做最快的事情，而不是为客户做最好的事情）。

因此，我们必须取得平衡。在上面的呼叫中心的案例中，采取其他措施可能是更有效的——聚焦于客户满意度——以及通话长度。

实现这种平衡的一个有用的方法是平衡业务记分卡。确保我们考虑平衡业务记分卡的每个角度将确保有助于实现平衡。

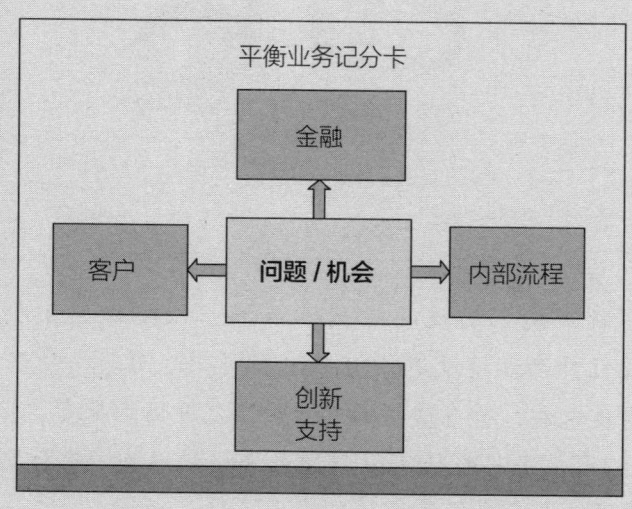

这样做

当确定 CSFs 或 KPls，或不久后，使用平衡业务记分卡，以确保相对平衡和覆盖每个角度。您可能需要调整记分卡，添加与您的行业或领域相关的其他因素。

3.5 回顾和思考限制性条件

无论我们正在研究什么组织和问题，都可能存在一系列的限制性条件，缩小是潜在解决方案的范围可以考虑的。预算可能是有限的，这可能意味着我们要寻找"银"或"青铜"而不是"纯金"的解决方案。

我们在 1.6 节中讨论了限制性条件的识别——随着问题解决计划的继续，我们必须重新考虑限制性条件，确保它们仍然有效，并确保任何解决办法都适合它们。

资料来源：Sashkin/Shutterstock

这样做

重新审视已发现的限制性条件，以确保它们仍然有效，并且外部环境没有任何变化。问一些问题，包括："从你的角度来看，所有这些限制性条件是否仍然是真实和有效的？""有没有忽略任何限制性条件？"以及"有什么其他的因素可能是在我们的控制之外？"

3.6 确保组织协调

我们不能在泡沫中实施解决问题的活动，牢记这一点非常重要。组织通常有一个明确的愿景／使命、一套目标和战略。我们必须将解决问题的活动与组织的整体目标／战略协调起来。这可能会使我们选择的解决方案成型——毕竟，我们不希望我们的行动朝着与组织的整体战略相反的方向发展！

鼓励战略统一的一个有用的方法可以是向我们此前定义的问题陈述添加战略统一的陈述。这包括添加两行：

这与我们的既定策略是一致的……

并将有助于我们实现我们……的目标

添加这两行有助于我们说明和保持组织层面目标和战略的一致性。

资料来源：A1Stock/Shutterstock

这样做

了解组织的愿景、使命战略和目标。向定义的每个问题陈述添加战略统一的陈述。

3.7 评估对结果的不同看法

我们组织中的不同人可能会对某一特定问题解决计划所追求的结果有不同的看法。如果这些分歧没有解决，我们就会有一个真正的危险——我们最终会让一个或多个利益相关者群体失望。

本章前面各节中讨论的技术将有助于围绕结果创建有用的对话——它们可能会凸显所存在的任何默契分歧。在某些情况下，利益相关者可能对正在努力实现的目标有不同而又互补的看法。描述所期望的结果 / 好处，确保它们能结合在一起，将会是有用的。下面是一个展示依赖关系的示例图。

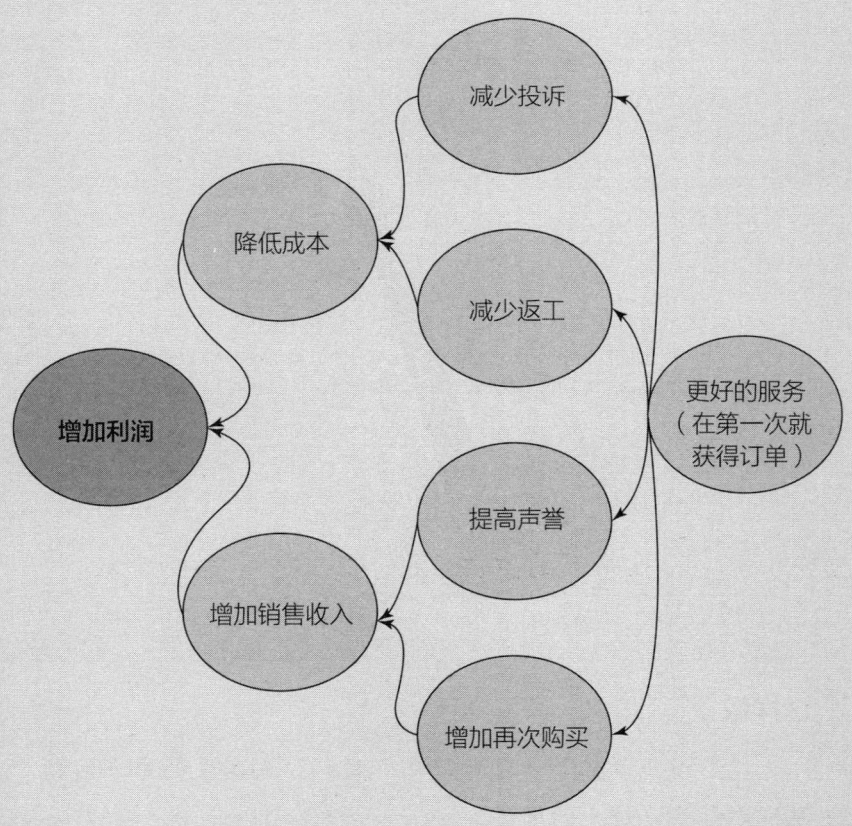

这样做

确保您完全理解每个关键的利益相关者群体试图从问题解决计划中得到什么。凸显冲突，并与团队协作以协调或解决它们。确保了解结果 / 好处之间的相关性。

详解

3.1 鼓励结果导向思维

为什么?

在第 2 章中,我们讨论了在考虑或选择一个解决方案之前重点关注这个问题的重要性。对这个问题的深入理解有助于引导我们得出最合适的解决方案。然而,孤立地理解这个问题是远远不够的。除了理解我们正在试图抽离的(问题)之外,我们还需要了解我们想要到达的目的地(结果)。

结果导向思维鼓励我们(暂时)忘掉解决方案是什么样的,但要关注解决方案将提供什么。它要帮助我们回答这个问题:在解决了这个问题后,事情会有怎样的不同?

知识简介

清晰定义的结果有助于我们理解和阐明利益相关者希望通过实施解决方案和解决问题来实现什么目标。它帮助我们远离思考解决方案的自然倾向。

前面提到的"五个为什么"技术对于引出结果以及根本原因都是有用的。实际上,在使用"五个为什么"来确定根本原因时,我们的利益相关者可能也会提到所需的结果——而且获取这些结果也是很有用的。

即使人们清楚他们所追求的结果，他们也会经常（下意识地）将结果与预先设想的解决方案联系起来。重新架构现有陈述，并将它们返回给我们的利益相关者以确保我们正确地理解，这一点很有用。

以下是一些示例：

倾向方案陈述	重新架构响应
我需要一辆车以便准时上班	所以，假设我理解正确，你的最终目标是要准时上班，你已经注意到汽车是可以实现这一点的一种方式。我们还需要知道其他的结果或限制性条件吗？ 结果：按时上班
我们需要一个新的计算机系统，以便更快地响应客户	如果我正确理解，这里的核心目标是更快地响应客户，你也提到了一个新的计算机系统是实现这一点的一种方法。还有什么潜在的解决方案对你很重要？还有什么其他的目标或结果是你想要实现的吗？ 结果：更快地响应客户
我们需要 10 位新员工，以便我们可以扩大规模，迎接即将到来的高峰	主要结果，如果我没理解错的话，是为了确保我们能够满足预计即将到来的需求峰值——或者说，我们是否能够管理和满足这种需求，对吗？ 结果：扩大规模以满足即将到来的高峰或者管理和满足需求

如何做

1. 使用问题陈述（见第 2.2 节）（特别是最后一行"一个成功的解决方案将……"）来创建一个有关结果的对话。

2. 在解决问题的整个过程中，鼓励人们在提出解决方案之前思考问题和结果。

3. 重新架构倾向方案的陈述，并检查对预期结果的共同理解。

4. 定义关键成功因素和关键绩效指标，如本章后面所述。

5. 使用平衡业务计分卡，以确保所需的结果是平衡的。

反思

• 成效如何？

• 下次我会怎么做？

3.2 牢记从结局开始：定义成功的关键因素

为什么

鼓励、加强和说明结果导向思维的一个有用的方法就是，评估哪些方面对问题解决计划的成功是至关重要的。这涉及评估必须达成的结果，以便解决问题。

将这些高优先级的结果表述为关键成功因素（CSFs）可能非常有用。

资料来源：Olivier Le Moal/Shutterstock

知识简介

关键成功因素（CSFs）可以定义为：

"组织为了获得积极的绩效而必须取得成功的方面。"

（保罗、卡德尔和耶茨，2014）

正如定义所暗示的那样，CSFs 通常是在组织层面上的定义，而且通常是衡量组织战略是否有效运作的重要指标。除了在贯穿整个组织的宏观层面使用 CSFs，在一个更详细的层面为一个特定的问题、项目或问题解决的行动中也是可以予以利用的。

CSFs 通常是定性的。也就是说，它们不必被直接测量或立即量化。CSFs 可能包括：

- 优质的客户服务

- 足够的收入和利润（未指定收入和利润的金额）

- 完美服务的世界级声誉

- 一流的物流

- 精确配送

定义 CSFs 有助于确定方向，并凸显我们希望实现的关键业务结果，而不被卷入到如何测量它们的细节中。当然，我们最终需要使 CSFs 可测量——这是通过指定关键性能指标 (KPIs) 来实现的，下一节将对此进行讨论。

如何做

关键成功因素可以通过与我们的利益相关者紧密合作在研讨会上头脑风暴和一对一的对话来引出。要问的有用问题包括：

"我们如何知道问题何时会解决？"

"什么具体结果对你很重要？"

"一旦我们取得成果，该组织看起来、感觉起来将会是什么样的？"

"还有什么其他的是我们需要达成的？"

"我们需要避免什么？"

"成功看起来、听起来和感觉起来是什么样的？"

将响应提炼为简明、一针见血的陈述。当思考 CSFs 时，使用平衡业务记分卡很有用，因为可以为我们的研讨提供有用的类别——我们稍后将会探讨。同样重要的是，我们确保问题解决计划的 CSFs（以及任何相伴的 KPIs）与总体组织的 CSFs 和目标是一致的——即我们问题解决计划必须与更广的组织战略一致。

反思

- 成效如何？

- 下次我会怎么做？

参考文献

Paul, D., Cadle, J. and Yeates, D. (eds), 2014. *Business Analysis. Third Edition.* Swindon: BCS.

3.3 使用关键绩效指标使其可测量

为什么

关键成功因素有助于我们明确要通过主动解决问题来达成的广泛而重要的成果。也许我们的目标在于提升客户体验，或者降低成本。这些因素将在我们整个解决问题的行动中起指导作用，帮助和确保我们选择和实施正确的解决方案。

然而，如前一节所述，CSFs 是不可直接测量的。因此，定义我们的 CSFs 和确定关键绩效指标 (KPIs) 和目标是有用的。

知识简介

关键绩效指标 (KPIs，Key performance indicators) 可以定义为：

"为了评估组织的绩效而监测的特定绩效领域。为了监测关键成功因素的进展情况，经常需要识别关键绩效指标。"

（保罗、卡德尔和耶茨，2014）

每个 CSF 都应该至少有一个 KPI——而且通常 CSFs 有许多 KPIs。此外，在某些情况下，一个 KPI 可能不止与一个 CSF 有关。

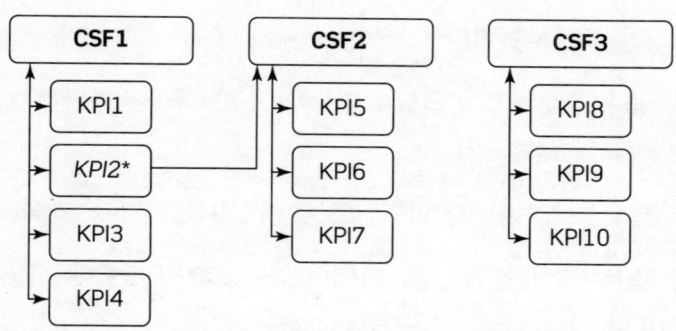

*在本示例中 KPI2 同时帮助测量 CSF1 和 CSF2 的进展

如果我们的 CSF 有完美的服务与世界一流的声誉，我们可能会考虑的 KPIs 包括：

- 在客户间的调查结果（80% 的人同意我们的组织具有优秀或世界级的服务信誉）。

- 随机选择公众（他们可能是或者不是顾客）的调查结果，70% 的公关认为我们的组织有一个优秀或世界级的服务信誉。

- 投诉率应低于千分之一（注：这是一个替代标准，因为它并不直接关系到声誉，但基于一个"如果投诉率低则信誉好"的假设）。

所选择的 KPIs 将有助于提炼 CSF，并使正在进行的问题解决计划的具体进展非常明确。

如何做

1. 面对每一个 CSF 都要问"我们如何测量这一点？"

2. 寻找多重互补措施。

3. 确保每个 KPI 实际上可衡量的数据是可用的吗？能可靠地测量吗？如果不能，或许应该加以改进。

4. 确保每个 KPI 都清晰明了。

5. 确保利益相关者群体之间达成一致和承诺。

6. 进行双重检查，确保所有 CSFs 和 KPIs 与任何总体组织的 CSFs、目标和战略一致。

7. 与利益相关者一起评估当前的业绩，并设定未来的基准。

8. 使用平衡业务记分卡，以确保 CSFs 和 KPIs 是平衡的，并且不会偏向于单个特定领域，下一节将对此进行讨论。

反思

- 成效如何？

- 下次我会怎么做？

参考文献

Paul, D., Cadle, J. and Yeates, D. (eds), 2014. *Business Analysis.* Third Edition. Swindon: BCS.

3.4 用平衡业务记分卡取得平衡

为什么

将足够多的想法注入 CSFs 和 KPIs 是至关重要的——否则我们可能会无意中激发并取得错误类型的结果。我们可能会得到我们所要求的，尽管（回溯起来）这不是我们想要和需要的。以我们的邮购零售公司案例为例：我们可能希望确保 99% 的包裹在 24 小时内发货，但如果这些包裹中有 20% 包装不当（导致运输途中物品损坏！），那么实现这一目标就没有什么用处了。最近几年有高调的头条新闻表明，如果我们不小心，目标和排名可能会产生意想不到的影响和后果。

为了避免这些类型的两难境地，平衡我们的 CSFs 和 KPls 是很重要的。平衡业务记分卡是帮助我们实现这一目标的有用工具。

知识简介

平衡计分卡最初是由卡普兰和诺顿创建的，在《平衡计分卡：将策略转化为行动》（卡普兰和诺顿，1996）一书中有进一步的阐述。平衡业务记分卡通常用于平衡整个组织的 CSFs 和 KPls。但是我们同样可以用其来平衡特定问题解决计划中的 CSFs 或 KPls：

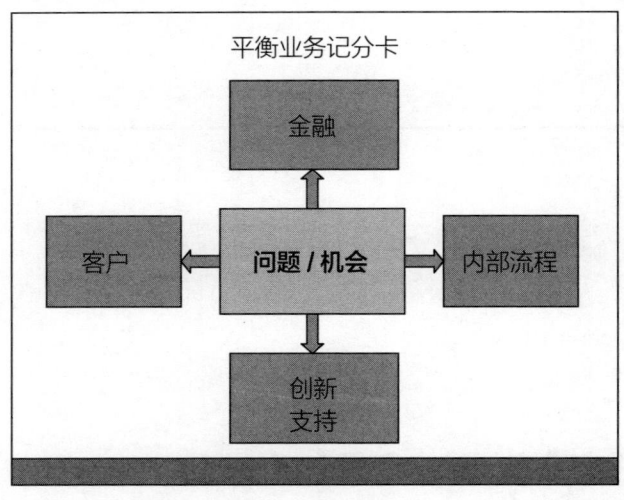

资料来源：改编自卡普兰，R.S.和诺顿，DP，1996《平衡计分卡：将策略转化为行动》波士顿，马萨诸塞州：哈佛商学院出版社

平衡业务记分卡鼓励我们考虑以下四方面：财务、客户、内部流程、学习和成长 / 创新（我们将称之为"支持"）。考虑所有这些领域以实现平衡是很重要的——如果我们只集中在一个领域，我们可能会无意中造

成负面影响（例如，纯粹专注于金融可能会对过度节约成本的客户服务和创新活动产生负面影响）。在定义 CSFs 和 KPIs 时，我们可能会发现，利益相关者最初只关注其中的一个或两个领域——通过有意识地考虑记分卡，我们可以确保取得"平衡"。

根据 CSFs 和 KPIs 的案例，记分卡的每个部分在下面均有解释。

领域	解决问题的相关性	CSFs 示例	KPI 示例
金融	这个领域与本组织的财务表现有关。当问题解决时，财政会有什么不同？	增加销售收入 增加利润 减少成本	· 在产品系列 y 中，在明年年底前增加 x % 的销售收入 · x% 的利润率 · x 英镑净利润 · 销售成本降低到 x %
客户	解决这个问题对客户意味着什么？	优秀的客户服务	· 95 % 的客户表示他们会向朋友们推荐我们（通过年度调查测得） · 10 个客户中有 1 个参加了我们的"朋友推荐"计划 · 投诉率低于千分之一

领域	解决问题的相关性	CSFs 示例	KPI 示例
内部流程	我们需要考虑或衡量哪些内部程序？这可以包括手动进程、IT、员工相关方面等	一流的仓库和配送能力	· 分拣和包装准确率为 99.9% · 99 % 的包裹在下单后 24 小时内发货
创新"支持"	传统上，平衡业务记分卡的这一部分侧重于创新或学习和成长。在一个问题的情况下，值得考虑的是可持续性——或者更具体地说，我们如何确保问题保持在被解决的状态。哪些措施可能表明问题已经复发？	保护和保持我们在市场上的地位	· 保持 x% 的市场份额 · 投诉率低于千分之一

如何做

由利益相关者通过公开的头脑风暴式提问引出的 CSFs/ KPIs 可以是非常有用的——问一问这样的问题："我们怎么知道我们成功了？"和"我们怎么才能衡量这种成功？"接下来，将这些因素归类到平衡的业务记分卡上。然后，寻找缺口并使用记分卡提示进一步的 CSFs 和 KPIs 会是很有用的。这通常是一个迭代过程，它可能需要经过几轮讨论才能细化和最终敲定。

一旦平衡计分卡看起来完成了，就应该通过诸如"遗漏了什么"和"这里有什么东西可以被曲解或误解了吗？"之类的问题来验证。此外，还要确保所有关键的要素——进入记分卡定义的指标。最后，值得注意的是，平衡记分卡上的类别虽然非常有用，但是可以灵活增减。这些都是有用的建议，但它们可以是有益的渐进式改善，增加这些以使记分卡对我们组织的展现得更"真实"。

反思

- 成效如何？

- 下次我会怎么做？

参考文献

Kaplan, R.S. and Norton, D.P., 1996. *The Balanced Scorecard: Translating Strategy Into Action*. Boston, MA: Harvard Business School Press.

3.5 回顾和思考限制性条件

为什么

在定义了问题并确定了我们要实现的结果之后，我们很快就可以开始评估潜在的解决方案了。然而，在每种情况下都会有限制性条件，影响到可行或适当的问题解决办法。可能可用的预算有限，或者解决方案必须在一定的时间内实施。甚至可能有技术上的限制，阻止我们改变某些 IT 系统（或使它更没有必要这样做）。

我们在 1.6 节中讨论了限制性条件的确定。但是，重新考量这些限制性条件是非常重要的，可以确保它们仍然有效，如此一来，我们便能够确保我们建议的任何解决方案都适合它们。

知识简介

如第 1.6 节所述，我们可能遇到的限制性条件类型多种多样，可能包括以下内容：

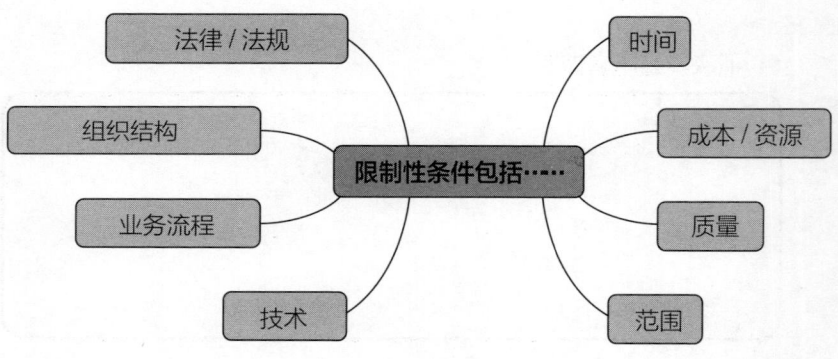

如何做

在 1.6 节中，我们讨论了限制性日志，下面建议的信息是收集和捕获每个限制性条件的最小值。

ID	限制性条件	基本原理	所有者	上次更新时间	复审时间
C01	解决方案必须在 1 万英镑的预算内交付。	已达成固定的预算；没有足够的财政收益能保证超出预算的开支	史蒂文 D	12 月 6 日	3 月 6 日

ID	限制性条件	基本原理	所有者	上次更新时间	复审时间
C02	任何技术元素都必须能与 L A L SD/500 系列服务器接口相连	我们核心客户的数据库存储在一个 SD/500 系列服务器上，并制定了一个战略架构决策，以确保所有组件能够相连	杰恩 B	11 月 2 日	2 月 2 日

随着问题解决计划的继续推进，重新考虑这些限制性条件非常重要。问一问它们是否仍然有效——有时内部或外部的变化可能会使一个或多个限制性条件过时。也许一个主要的升级项目已经获批，这就改变了我们的技术性限制（或强加了新的限制）。也许法律已经改变了，意味着更多的监管限制需要进入我们的关注点。

与利益相关者公开讨论这些观点是值得的。重新考虑这些因素的好时机是定义 CSFs 和 KPIs（如前面部分所述）的时候，或者定义它们后不久。开始定义所需的结果后，问一问"什么是固定不变的"是很有价值的。可以使用限制性日志作为会话启动器，询问如下问题也具有启发性：

"自从我们上次讨论了限制性条件后，我们的业务环境又有什么变化了吗？"

"从你的角度来看，这些限制性条件是否仍然是真实和有效的？"

"是否疏忽了任何限制性条件？"

"什么是我们不能改变的？"

"什么是超出了范围的？"

"什么必须保持不变？"

"什么是有限的?"

和:

"有什么其他因素是在我们的控制之外?"

回顾 2.5 节中讨论的 STEEPLE 因素也很有价值的。

反思

- 成效如何?

- 下次我会怎么做?

3.6 确保组织协调

为什么

不仅要集中精力解决问题,还要确保问题解决活动与组织的愿景 / 使命、目标和战略相一致。以一种与组织正采取的方向不太协调的方式解

决问题将会是非常不幸的。对于这种一致性的专注将确保我们以正确的
方式解决正确的问题。

让我们举一个假设的例子，想象一下我们在一家酒店工作，有这么
一个问题：房间钥匙不断地丢失（因为客人忘记归还）。一个解决方案
可能是坚持让客人每次离开酒店时都要把钥匙放在前台——即使是在入
住期间。然而，这将会非常不方便，而且如果酒店是（通过提供客户服
务）寻求差异化战略，那么很可能会导致问题。客户将期待优质的服
务，并会将上交钥匙当作是不平常和不便利的。这可能会导致客户不
满、投诉增加，并且与该组织的战略定位也不符合。当然，在纯粹靠价
格（而不是服务）竞争的经济型酒店，这可能是一个更加可接受的解决
方案。

资料来源：Joje/Shutterstock

知识简介

在 2011 年的《好策略 / 坏策略》一书中，鲁梅尔特将"战略"形
容为：

"对一个重要挑战的凝聚反应。"

（鲁梅尔特，2011）

他继续从独立的活动中区分战略：

"与独立的决定或目标不同，战略是应对高风险挑战的一系列连贯的分析、概念、政策、论据和行动。"

（鲁梅尔特，2011）

这一定义的一个重要部分是它提到的连贯性和凝聚力。一个组织所开展的项目、任务和进程都应与其战略相一致，并应帮助它努力实现其愿景。

如何做

为了确保我们解决问题的活动是协调的，重要的是确保知道我们组织所声明的愿景、使命、目标和战略是什么。如果这些都不清楚，那么花时间寻求进一步的解释是很值得的。那些制定策略的人往往很乐意花时间解释它，并且通常把有好奇心。他们通常会非常乐意回答问题并提供清晰的答案。

如果没有明确的战略——或者如果该组织从未有意识地阐述过战略——那么我们最好是先花时间帮助提炼和记录这个。这是一项重要而费力的任务，所涉及的活动超出了本书的范围——但是在"参考文献和延伸阅读"中可以找到一些有用的资源。

一旦我们对该组织的战略有了清晰的认识，我们就应该将这一点牢记于心——并鼓励我们的利益相关者也这样做。他们是一个组织的指南针，我们应该能够确定我们的活动和组织的既定战略之间的明确界线。如果我们不能把活动与组织的一个或多个战略联系起来，那么这将是一个信号，我们真的有可能已经走错了路。（或者，要不然就是，如果我们的活动确实是必要的，那么也许组织战略需要重新审视——这可能是要付出更大的努力。）

在我们的问题陈述中添加战略性的一致性陈述会很有用。这是通过增加两个附加的句子来实现的：

这与我们既定策略一致……

并将帮助我们实现的……目标

这两个句子有助于将问题陈述与策略联系起来，并作为有用的提示。最终，关键是要保持连贯性，并在我们的活动与组织的宗旨、目标和战略之间保持可追溯性。

反思

- 成效如何？

- 下次我会怎么做？

参考文献

Rumelt, R., 2011. *Good Strategy/Bad Strategy: The Difference and Why it Matters*. London: Profile Books.

3.7 评估对结果的不同看法

为什么

我们组织内不同的人可能会对正在探寻的结果和他们试图实现的利益有细微不同的（有时是截然不同的）看法。如果不加以控制，最终可能会出现这样一种情况：我们为某些利益相关者解决了问题，但其他的利益相关者却无法获得他们所期望的结果。这将导致失望，并且（对某些人而言）会感觉这个问题根本没有得到解决。

知识简介

在本章中，我们讨论了明确需要达成的结果。当我们与不同的利益相关者协作时，对这些结果的不同意见可能会开始浮出水面。明确结果有助于我们强调预期中的任何差异，也可以了解不同的利益相关者是否有着些许不同的动机和目标。

根据我们在前几章中讨论过的邮购目录业务，我们可能会发现以下利益相关者正在追求这些结果：

- 销售总监："我希望我们能够提供更好的服务，这样我们就可以提高我们的声誉，增加销售收入。"

- 客户运营负责人："我希望我们能够提供更好的服务，从第一次到之后的每一次，这样投诉和返工会更少。"

- 总经理："我希望我们能提供更好的服务，以提高重复购买率。我的最终目标是增加利润，同时取悦客户。"

不同的利益相关者有细微的不同，但在这种情况下，对所取得的结果的看法是一致的。重要的是发现并协调它们，使它们互相依赖。下面的示例说明了这一点。

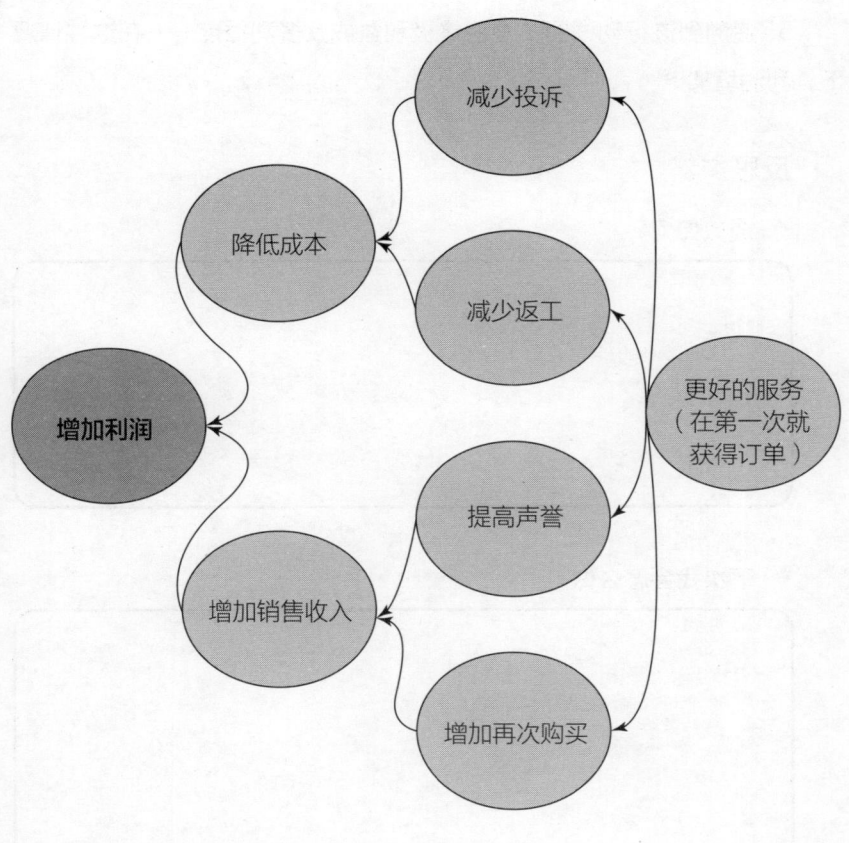

如何做

我们可以比较观点，同时遵循本书中概述的其他步骤。

1. 引出结果、CSFs 和 KPIs。

2. 使用平衡计分卡促成进一步讨论。

3. 使用"福利图"样式的图表（类似于上面所示）来显示期望结果之间的依赖性。

4. 强调任何无法满足的结果（可能是它们超出了问题解决活动商定的范围），并清楚地管理预期。这些"异常值"可能是将来问题解决活动或未来项目的候选对象。

5. 追溯到该行动试图实现的终极利益或众多利益点——在这种情况下，利润增加。

反思

- 成效如何？

- 下次我会怎么做？

第 4 章

评估范围和影响

4.1 "范围蔓延"的危险

随着解决问题的项目或行动的推进，它们的范围往往会不经意地增加。利益相关者提到其他相关（但不同）的问题，并且现实中也有必要修复它们。必须小心，不要试图面面俱到——如果我们的项目或行动的范围不受控制，到头来我们会发现工作量远比我们利用现有资源所能处理的要多得多。这可能导致我们无法解决我们所关注的原始问题——甚至更糟的是，我们可能会耗尽时间或预算也只能完成一半的工作。

重要的是，不仅要确保在早期就范围达成共识，而且要确保它在整个过程中都得到仔细的控制和管理，我们的范围界限有时可能需要改变——我们可能会发现新的相关情况、制度或进程——但应始终评估这一情况，并且将其列入（或不列入）的决定应该是经过慎重考虑的。

资料来源：Tan Kian Khoon/Shutterstock

这样做

　　使用问题陈述、CSFs 和 KPls 贯穿问题解决计划的全程，以全神贯注聚焦于范围。确保对任何建议的偏差进行慎重的讨论，并决定是否继续追踪。

4.2 了解区别：影响、感兴趣和介入

　　当我们评估和控制问题的范围（以及之后的解决方案）时，我们必须不断地评估利益相关者的情况。通常，对问题（或其潜在的解决方案）最感兴趣的利益相关者是最显而易见的——但也可能还有其他人需要仔细考量。某些利益相关者可能会受到潜在解决方案的影响——也许他们需要采纳一个新的流程或系统。其他人可能需要参与详细的问题分析或解决方案部署——尽管他们可能还不知道！

　　扩展我们的利益相关者分析网络，并定期重新审视我们的分析，以确保我们不会无意中错过了一块重要的"拼图"。它还将保证我们能够在对的时间与对的人交流沟通，使我们能够与最终得出解决方案的人们建立融洽的关系。

资料来源：Lord and Leverett/Pearson Education Ltd

这样做

定期回顾您的利益相关者分析和管理计划。从多个角度、通过各种渠道考虑问题。问一些这样的问题：

谁对解决这个问题有兴趣？

其他进程、系统和人员可能会受到哪些影响？

谁或什么刚好在我们的问题范围界限之外？我们可能会无意间影响到他们吗？

4.3 理解问题的形势

在前一节中，我们讨论了与我们的同事和利益相关者协作创建鱼骨图（见 2.4 节）。这几乎不会是一个"一劳永逸"的事情。

鱼骨图的第一次迭代往往非常有用地标示了值得进一步调查的区域。为了进一步揭示细节，有必要进行进一步的调查。

有许多调查技术可以用来进一步探讨问题。这些技术包括会见／访谈相关的、知识渊博的利益相关者，举办研讨会和头脑风暴会议，观察过程发展，以便我们能亲眼看到问题的情况。每种技术都有助于我们更接近细节，并丰富我们对情况的了解。

当我们得到了更丰富的细节，可以逐渐地丰富我们此前创建的鱼骨图，获取更详细的来源和支持信息。

资料来源：dadabosh/Shutterstock

这样做

　　使用调查技术，如会议 / 访谈、讲习班、头脑风暴和观察，以了解详细的问题形势。逐渐丰富此前创建的鱼骨图。

4.4 找出角色和目标

　　如前所述，识别受到该问题影响的利益相关者和将从任何解决方案中受益（或受其影响）的利益相关者是非常重要的。基于这个构想，并放大到关注一个特定子集的群体，了解那些意欲通过我们所实施的解决方案来达到某种目的的利益相关者是很有用的——他们将使用它或以某种方式参与进来。这些利益相关者将在解决方案的持续运行中起到作用。

　　确定了"角色"之后，我们就可以继续考虑他们的"目标"——当解决方案一经推出，他们想要实现什么（或者他们将如何参与其中？）也许可能是一个想要下单的客户，或者可能是一个想要规划市场活动的营销经理。确定牵涉其中或受其影响的角色和目标有助于我们精炼和验证范围，并帮助我们了解为了解决问题可能需要更改或调整的领域。

资料来源：Mack2happy/Shutterstock

这样做

　　确定角色和目标，并创建一个列表以指导未来对问题的分析。

4.5 使用业务用例模型使其可视化

　　业务用例模型是一种可以形象化地描述我们先前所获取的角色和目标的方法。业务用例模型有四个主要符号，如下图所示。

　　业务用例模型有助于传达问题中涉及的过程／服务，并有助于直观地传达范围。它可以稍后被建立或加上注释，以展示正在更改或受影响的领域。

符号	描述	角色 / 目标
	业务（外部）参与者： 企业以外的实体，或者是正在被分析或讨论的组织。 这可以包括人员 / 团队（角色）甚至外部 IT 系统。 例如：客户、合作伙伴、经销商 / 供应商等。	角色
	工作人员（内部）参与者： 在分析或讨论的业务或组织中的角色。 例如：客服、销售、制造等。	角色
	业务案例： 参与者与被分析和讨论的业务或组织之间的相互作用。这应该被描述为一个简短的"动名词"短语，描述一个参与者试图达到的目标。 例如：下单、退货、查询账单等。	目标
→	**传达（关联）：** 显示哪些参与者与哪些业务案例相互作用。	将角色链接到目标

资料来源：这些符号是统一建模语言的延伸，改编自 Podeswa, H., 2009《业务分析人员手册》.波士顿：课程技术 PTR，圣智学习出版公司的一部分

这样做

　　精炼先前提取到的业务用例模型中的角色和目标。与您的利益相关者验证这一点，以确保它是完整的，并使用它来创建与问题或潜在解决方案的其他潜在因素有关的对话。

4.6 设置优先级

　　我们的问题解决计划可能受到包括预算和时间在内的因素的限制。我们的金钱或资源有限，实施解决方案的时间也有限。在某些情况下，我们可能会发现我们没有足够的资源来解决问题的方方面面，但是我们确实有足够的资源来解决一部分的问题。在这样的情况下，重要的是要

考虑解决方案的哪些部分具有发挥最大价值的潜力——或者，换种说法，哪部分具有最高优先级。

优先级排序可以有多种形式，但是思考我们此前发现的目标会是有用的——特别是当我们将它们详细地描述成业务案例图时。依次考虑每个业务案例，以决定哪些有依据的结论包含在问题解决计划中，哪些可以再等等。有些可以有意识地被完全排除在范围之外，以节省时间和金钱。

资料来源：Worker/Shutterstock

这样做

思考此前定义的目标（或图中出现的业务案例），并评估哪些是问题解决计划的核心。使用优先级排序级别——可能是高 / 中 / 低，或更正式的级别来比较相对重要性。专注于解决方案所提供的每个领域的潜在价值。

4.7 设置范围的边界

在上一节中讨论的优先级排序练习完成后，则是为解决方案范围定义更详细的视图。我们可以将围绕业务案例图的范围边界直接地绘制出来——显示那些处于或超出范围的业务案例。下面展示了一个示例，其中的阴影区域在范围内——而那些没有阴影的范围则超出了调查范围。

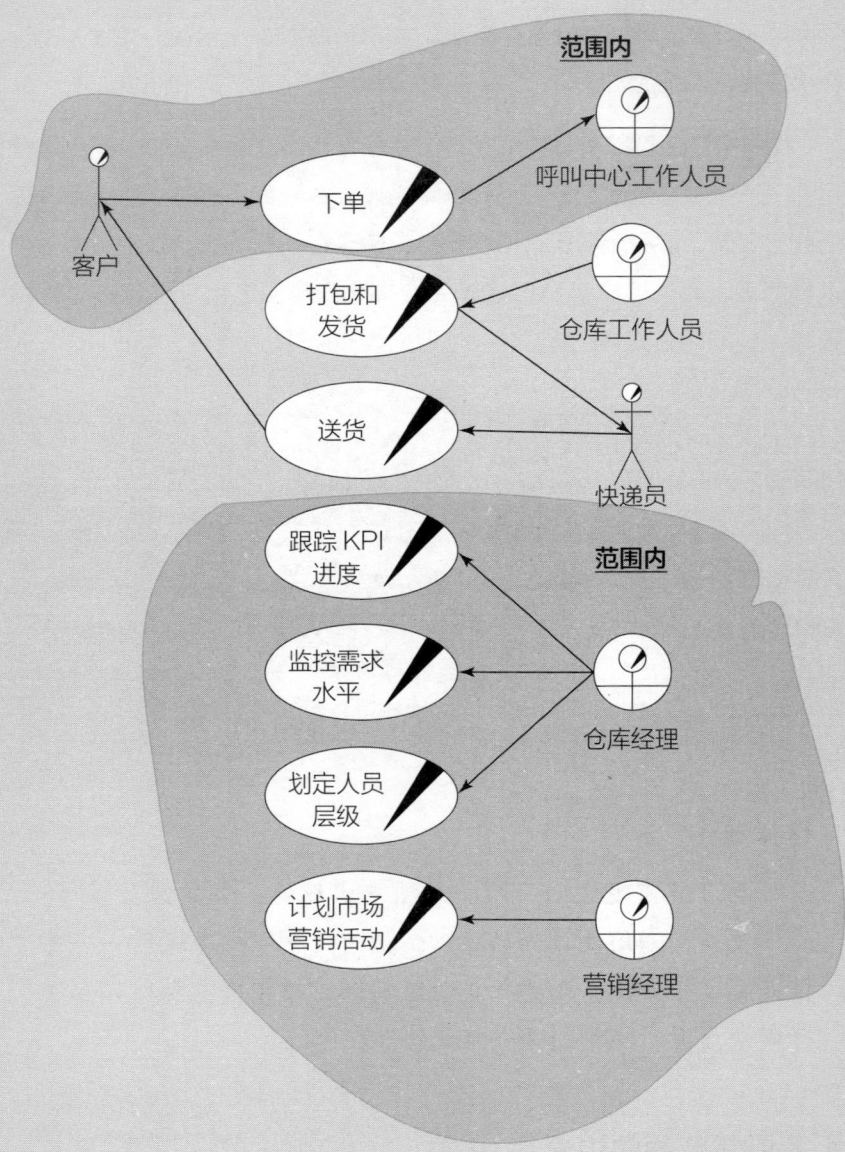

范围内

呼叫中心工作人员

下单

客户

打包和
发货

仓库工作人员

送货

快递员

跟踪 KPI
进度

范围内

监控需求
水平

仓库经理

划定人员
层级

计划市场
营销活动

营销经理

这样做

根据上一节中描述的优先级排序活动进行构建。使用这
种观察可在业务案例图上绘制范围边界。与利益相关者会面
以确保达成协议。

详解

4.1 "范围蔓延"的危险

为什么?

在花时间阐明问题的性质(第 2 章)和所期望的结果(第 3 章)之后,现在将对我们试图解决的问题的性质有了一个非常精确的看法。然而,问题在于它们并不总是有明确的边界。我们可能会发现,我们正在解决一个棘手的、纠结的问题,并且它很容易开始偏离航向,而且在这样做的时候,我们可能无意地开始了解决一个不同的问题(留下我们原来的问题没有解决!)。

资料来源: 123rf.com

当然,如果我们在问题解决活动中遇到了不同或更多的问题,就必须考虑它们,并决定是否需要将它们纳入我们的工作范围。如果我们这样做,可能意味着我们需要的成本、时间或资源量都要增加。然而,在许多情况下，我们可能决定从我们的活动特意排除其他问题。他们可能是未来或其他工作的候选者，但我们可能会选择故意推迟进一步的行动，以便我们可以全神贯注地聚焦于我们的利益相关者已签署的结果。

为了达到这种高度的聚焦，我们需要避免无意中的"范围蔓延"。我们很容易不知不觉地通过这里的一个特征和结果来增加范围——但随着时间的推移，我们的工作范围变得难以控制，我们试图面面俱到。范围管理至关重要。

知识简介

范围可以定义为：

"控制、改变、解决方案或需要的界限。"

（业务分析国际研究所 (IIBA)，2015）

我们所关注的范围类型将在整个问题解决周期中不断变化。最初，我们会关注问题或需要的范围——这涉及定义问题和所需的结果。问题陈述以及 CSFs 和 KPIs 提供了一个有用的指导，使我们能够控制我们活动的范围。

随着问题解决计划的持续推进，有必要协调变化或解决办法的范围。在许多情况下，我们将能够实施一个能满足所有需求并实现所有目标的解决方案（而且我们将能够在时间和预算的限制范围内这样做）。在这种情况下，解决方案范围与问题的范围相同。

然而，在其他情况下，我们实际拥有的时间或预算可能比我们能够解决问题每一个方面所需要的少。在这种情况下，优先级排序将是必要的。我们的解决方案范围，在这种情况下将小于问题的范围。我们将解决部分问题，通常是最困难或最痛苦的部分，并留下一些未解决的问题。当我们以逐渐交付解决方案时，也可能会出现这样的情况——解决方案最具价值的部分将提前交付，附加部分随着时间的推移而逐步交付。

确保在范围上达成协议，并仔细管理，这是至关重要的。

如何做

定义问题陈述的行为是一个达成高级问题范围的好方法。在鱼骨图上添加范围边界也有帮助。用 CSFs 和 KPIs 确定结果是建立在这个基础之上的，而且它为我们提供了一个有用的方法来定义和量化被认为最有价值的结果。随着问题解决活动的持续推进，并且当我们开始查找潜在的解决方案时，我们可以问："这个解决方案能帮助我们实现这些 CSFs/KPIs 到多好的地步？以及它如何帮助我们解决问题陈述表述的问题？"这将有助于我们保持在范围内和轨道上。

牢记这一点，对于在整个问题解决活动中保持问题陈述和相关的 CSFS 和 KPIs 的可视化是非常有用的。这值得尽早添加到问题画布中并及时发布，以让所有相关的人可以看到它。我经常随身携带一份到会议上，并把它放在桌子的中心。这是作为一个视觉提示，利益相关者自己往往会参考它。这种细微的举动有助于我们保持立场一致。

范围可以进一步解析，并作为本章随后要讨论的"角色、目标和业务案例"技术的范本。但在此之前，思考什么和谁受问题或解决方案影响和牵连是很重要的——这将在下一节中进一步讨论。

反思

- 成效如何？

115

- 下次我会怎么做？

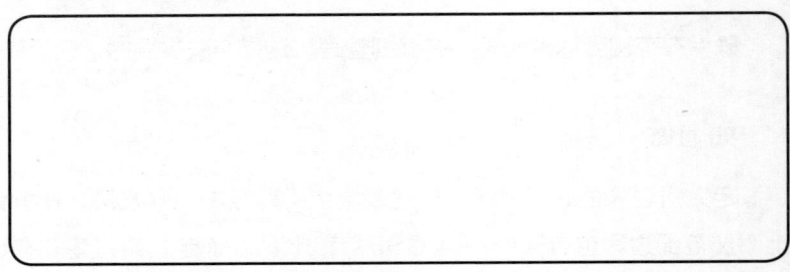

参考文献

International Institute of Business Analysis (IIBA), 2015. *A Guide to the Business Analysis Body of Knowledge® (BABOK® Guide)*, v3. Toronto: IIBA.

4.2 了解区别：影响、感兴趣和介入

为什么

在评估和控制问题的范围（以及以后的解决方案）时，重要的是要考虑会直接或间接受到影响的过程、系统和利益相关者，以及那些感兴趣和直接涉及主要问题领域的人。有些利益相关者可能会受到影响、感兴趣和参与其中——其他人可能只属于其中一至两类。下面的图表说明了这一点——利益相关者可能属于此关系图里的任何一种。

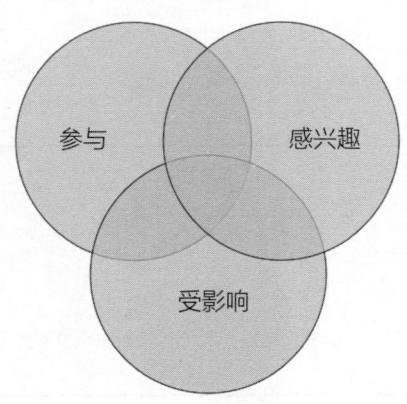

知识简介

回想一下我们在本书中讨论过的邮购零售案例，我们的问题陈述帮助我们得出了一个结论，即一个成功的解决方案将"确保我们能够预测和管理需求，使我们能够及时地发货，从而提高客户满意度，降低运营成本，最终提高利润"。

如果我们想象一下那些有可能直接参与解决这个问题的利益相关者，我们可能会得出这样的结论：仓库团队是非常重要的。仓库经理和他的团队很可能会对我们问题解决活动非常感兴趣。毫无疑问，我们将利用他们的技能和知识来帮助我们得出最好的解决办法。他们很可能也会对我们的工作表现出极大的兴趣！

但是，可能会有其他进程、系统和风险承担者受到此变化的影响。这些可能同样重要，尽管利益相关者可能（尚且）没有表现出多少甚至是任何兴趣。关键是我们要考虑其中哪些需要纳入我们的范围。在我们的邮购零售商中，可能包括：

区域（系统 /进程 / 利害关系方）	影响的性质
营销	将有可能成为帮助我们"管理需求"的关键参与者——可能是通过不同的提议来鼓励在淡季促成销售。可能涉及新的过程 / 系统来支持这个（未完待续）。
客户服务	随着投诉的减少，团队将受到积极的影响。他们将能够专注于不同的工作，思考需要投入哪些工作，应该拿起哪些工作（这可能是在我们的范围之外，但有人需要把它捡起来）。
采购	更快的发货可能意味着订购缺货商品的"缓冲"时间更少了。可能需要重新与供应商进行谈判，以确保任何缺货的商品都能迅速运送到仓库。或者，也许有必要重新审视库存数量。

这些只是例子。关键是要考虑在解决问题和实施解决方案时，谁或什么可能会受到积极或消极的影响。

如何做

从多个角度、通过多种渠道来思考这个问题是至关重要的。问一问这样的问题：

1. 谁有兴趣解决这个问题？

2. 有哪些其他进程、系统和人员可能会受到直接或间接影响？

3. 谁或什么刚好在我们的问题范围界限的之外？我们可能会无意间影响到他们吗？

4. 谁将参与提供改变和解决问题？

5. 谁将持续支持变革并确保问题得到解决？

研究"现状"和利用"角色和目标"技术也是非常有用的。本章后面将对这两种情况进行讨论。

反思

· 成效如何？

- 下次我会怎么做？

4.3 理解问题的形势

为什么

到目前为止，我们已经讨论了定义问题和确定结果。所有这些事情都是至关重要的，但是，从本质上讲，要更加强调问题的高层次的"大局"要素。我们勾画出问题的界限，以确保有共识。

然而，在选定一个解决方案之前，有必要在我们先前的鱼骨图中发掘的信息的基础上，对详细的问题情况有更深的了解。重要的是了解详细的当前状态，或者它常被称为"现在的情形"。这包括了解当前的过程、系统和组织结构。我们需要获得的理解程度会有所不同——我们需要知道得足够多，以确保任何提议的解决方案都能解决根本问题。

资料来源：Minerva Studio/Shutterstock

知识简介

有许多有用的启发方法或调查技术可以用来了解现在的情况，包括下面所列出的情况：

会议和会谈	无论是正式的还是非正式的，与利益相关者见面以了解他们的参与情况并理解他们对问题的看法都是有益的。 准备工作非常重要，值得准备一个问题列表的草稿——如果被采访者提到一些意料之外但相关的事情时，要有偏离这些问题的准备
研讨会	将利益相关者聚集在一起，举办一个简易的研讨会可以帮助我们了解更重要的情况。研讨会经常与头脑风暴或其他方法结合使用，以激发投入和贡献。研讨会可以成为创建"现在的情形"过程模型中卓有成效的专题讨论会。有了合适的人在房间里，这往往可以很快实现。
头脑风暴	鼓励发散性思维。首先，设定一个中心陈述（有时被表述为一个问题，例如"XYZ问题的当前原因是什么？"），并让人们将他们的答案写在便利贴上。
观察	第一时间看到问题是非常宝贵的——这将有助于我们亲眼看到影响和原因。

在本书的"参考文献和延伸阅读"部分，您可以找到更多的资源，它们提供了有关这些以及其他技术的详细信息。

如何做

1. 对问题情况进行详细调查。之前生成的鱼骨图将提供有关"去向何处"的见解。

2. 使用访谈、观察、头脑风暴和研讨会深入研究更多细节。

3. 捕捉您在会议记录、思维导图等地方收集的信息。

4. 考虑创建模型或图表来正式捕获信息（高级流程模型很有用）。

5. 与利益相关者验证这些信息，确保有共同和一致的理解。

6. 避免（目前）讨论解决方案的诱惑——尽管如果讨论了潜在的解决方案选项，那么捕获这些选项以便以后的分析和讨论。

反思

• 成效如何？

• 下次我会怎么做？

4.4 找出角色和目标

为什么

如前所述，确定受该问题影响的利益相关者以及将从任何解决方案中受益（或受其影响）的利益相关者是非常重要的。了解这些利益相关者的需求将有助于我们制定一个能够被他们认可的解决方案。如果我们不花时间这样做，我们就有可能部署一个仅满足某些利益相关者需要的解决方案——甚至更糟的是，它可能会与利益相关者群体的需要相冲突。这很可能会让我们非常不受欢迎！

为了获得这种理解，思考到所涉及的角色和目标是有益的——即谁对问题的情况（或解决方案）有特殊的参与或投入兴趣。

资料来源：David Lee/Shutterstock

知识简介

角色类型代表了已确定的，具有相似目标、关注点和要求的利益相关者类别。这通常与他们的工作角色或功能领域有关，尽管情况并非总是如此。角色应该体现为名词：例如"推销员""联络中心代理"或"顾客"。

目标代表了某个角色履行其义务时将使用的活动、过程、功能或特征，重点放在与正在检查的问题的区域相关的事件上。目标应用动名词来表达。比如："下单""支付发票"等。

重要的是，不仅要关注直接受该问题影响的每一目标，也要注意与此相关或被间接影响的任何事情。

每个角色类型至少有一个目标，每个目标至少应与一个角色类型相关联。显然，角色类型可以与多个目标关联，反之亦然。

基于我们在书中提到过的邮购零售安全，初步的角色和目标可能会发现以下内容：

角色类型	目标
客户	下单
呼叫中心人员	处理订单
仓库人员	打包和发货
外部快递	送货
仓库经理	跟踪 KPIs 的进度
仓库经理	监控需求水平
仓库经理	划定人员层级
营销经理	规划市场营销活动

您会注意到，这里所涉及的角色数量可能比我们预期的要多。客户对这个问题明显有兴趣，因此在现阶段将其纳入进来是很有用的。同样，我们可能已经发现市场营销经理的兴趣——也许她热衷于在市场淡季规划市场营销活动——所以确保她有代表性是很重要的。

如何做

1. 确定角色： 与您的利益相关者合作，问一问"还有谁可能参与其中或受到此问题或解决方案的影响？"理想情况下，将每个可能的角色写在便利贴上。

2. 分类和筛选角色： 合理对便利贴分类（很可能会有重复），并按主题排列。例如，您可能会决定"初级呼叫中心员工""呼叫中心工作人员"和"呼叫中心组长"可以归到一组，作为"呼叫中心员工"——假设他们都有类似的目标。如果你不确定，最好在这一点上把它们分开。

3. 确定目标： 对于已确定的每个角色，请询问"这个人 / 群体在问题情境下的目标是什么？"或者说"他们想做什么？——无论是现在还是问题一旦解决以后"。最好是在便利贴上将这些目标表述为动名词短语。

4. 分类和筛选： 将便利贴进行分类和筛选，并将其按主题排列。

5. 提取为列表： 将角色和目标提取为一个类似于上面那样的简单列表。这样，就可以呈现给未出席的任何利益相关者，以寻求反馈，并确保已捕捉到核心目标。

一旦创建了角色和目标列表，您可以选择使用业务案例图将其可视化——这将在下一节中讨论。

反思

- 成效如何？

- 下次我会怎么做？

4.5 使用业务用例模型使其可视化

为什么

在上一节中，我们概述了如何创建角色和目标的列表。虽然这本身是一项有用的练习，但静态列表可能会很难消化——特别是有大量的角色和目标时。另外，使用静态列表很难显示各种要素之间的关系。

业务用例模型是一种直观地描述问题情境中所涉及的角色和目标的方法。

知识简介

用例用于业务分析领域，以描述"参与者"（如人或外部系统）与某种类型的"系统"之间的交互作用。用例有多种不同的类型，包括系统用例（通常侧重于参与者和 IT 系统之间的交互）和业务用例（聚焦于参与者和组织／业务之间有价值的互动上，在这种情况下，业务是一个由人员、流程、IT 等组成的系统）。在本书中，我们聚焦于业务用例。

这是一个有点复杂的领域，在本节中我们将介绍一些基本知识——如果您觉得此技术有用，可在"参考文献和延伸阅读"部分找到更多的资源。

业务用例图有四个主要符号：

符号	描述	角色 / 目标
	（外部的）业务参与者： 企业以外的实体，或者是正在被分析或讨论的组织。 这可以包括人员 / 团队（角色）甚至外部 IT 系统。 例如：客户、合作伙伴、经销商 / 供应商等。	角色
	（内部的）工作人员参与者： 在分析或讨论的业务或组织中的角色。 例如：客服、销售、制造等。	角色
	业务案例： 参与者与被分析和讨论的业务或组织之间的相互作用。这应该被描述为一个简短的"动名词"短语，描述一个参与者试图达到的目标。 例如：下单、退货、查询账单等。	目标
⟶	**沟通（关联）：** 显示哪些参与者与哪些业务案例相互作用。	将角色链接到目标

资料来源：这些符号是统一建模语言的延伸，改编自Podeswa，H.，2009《业务分析人员手册》.波士顿：课程技术 PTR，圣智学习出版公司的一部分

下面展示的是业务用例图的一部分：

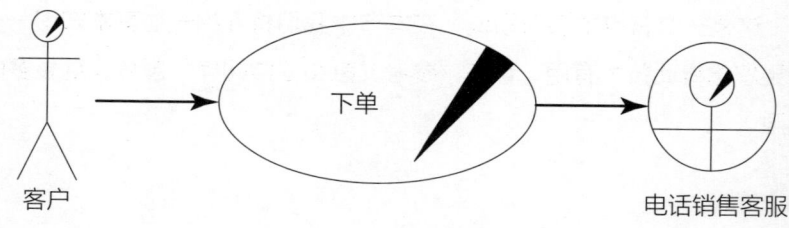

这里，我们有一个（外部的）业务的参与者——客户，能够为我们创建一个"下单"的业务用例。此业务用例还出现了一个作为次要参与者的电话销售客服。当代表沟通（关联）的箭头指向一个参与者，在这里就是作为次要参与者的电话销售客服。次要参与者在某种程度上完善了业务用例，尽管不是由他们发起了这个用例。

每个业务用例都可以有多个主要和次要角色，如下面的示例所示：

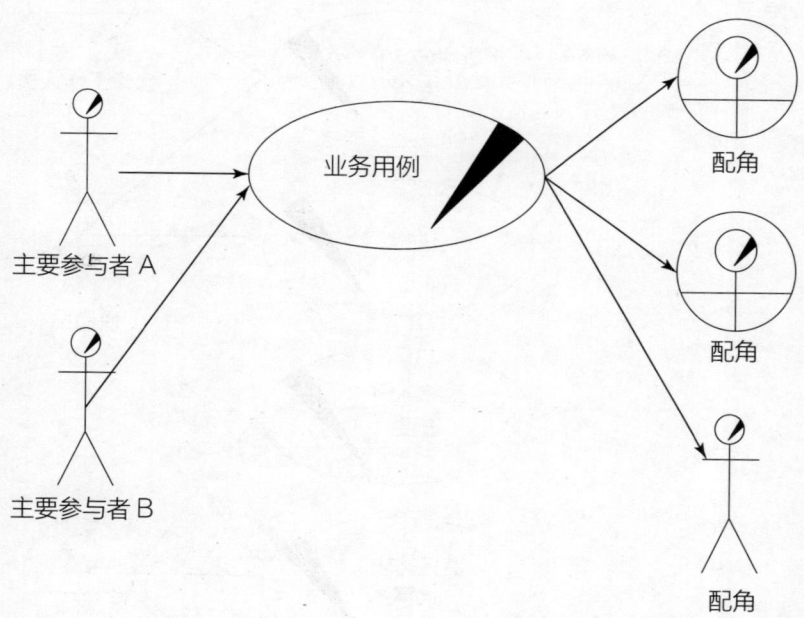

下面显示了一个基于邮购零售案例研究的示例业务用例图。

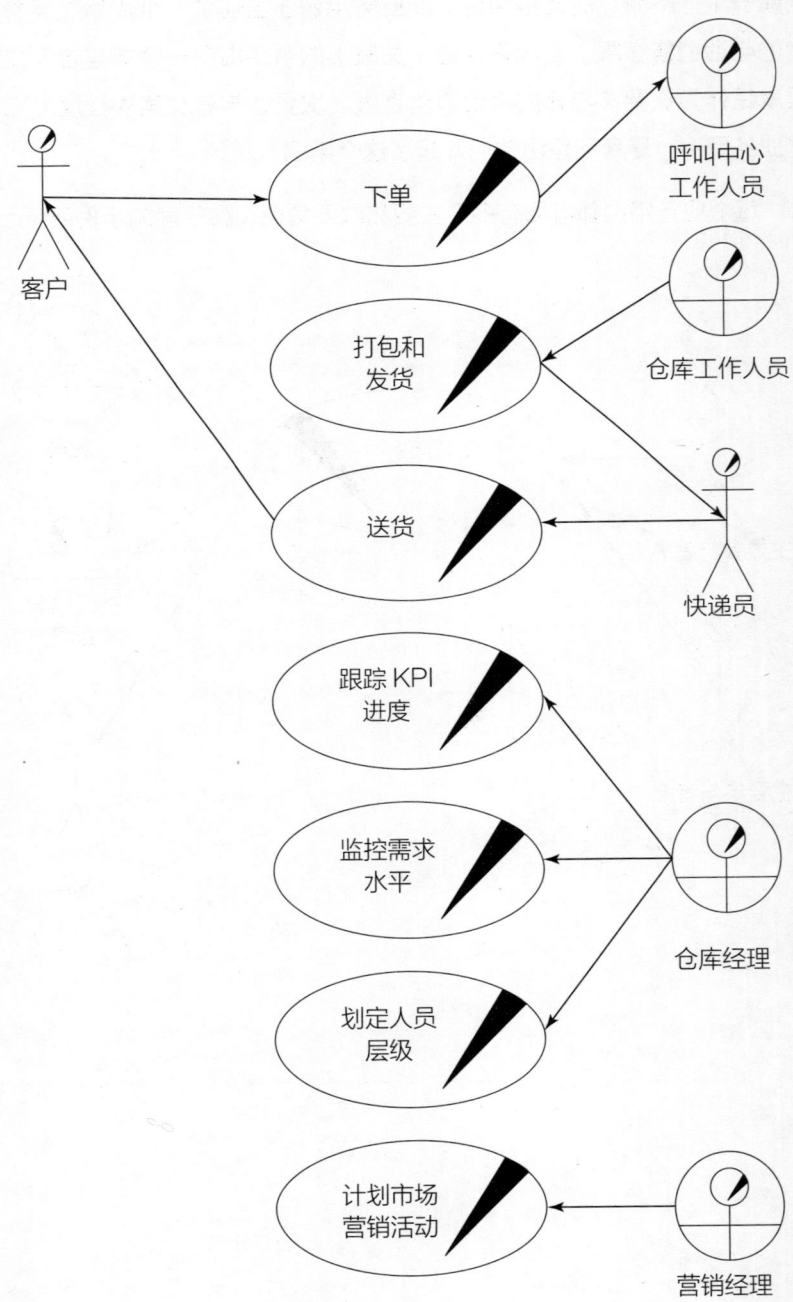

从"角色和目标"列表转换为业务用例，这是一个消除重复项的好机会。例如，在上一节中，我们概述了客户的"下单"和呼叫中心工作人员的"处理订单"的目标。这些确实都与同一组的活动有关——它们是同一枚硬币的两面。这些可以用一个单独的业务用例"下单"来表示，在这里客户作为主要的参与者，而呼叫中心工作人员则是配角。

如何做

1. 依照前面创建的角色和目标列表开展工作。

2. 确定（外部的）业务参与者和（内部的）工作人员参与者。将他们添加到图表上。

3. 确定用例。将这些词表述为"动名词"短语，并将其添加在图表上。

4. 在图表上体现沟通（关联），记得考虑主要和次要的参与者。

5. 审查和迭代。

反思

• 成效如何？

- 下次我会怎么做？

参考文献

Podeswa, H., 2009. *The Business Analyst's Handbook,* Boston: Course Technology PTR, a part of Cengage Learning.

4.6 设置优先级

为什么

除非我们非常幸运，否则我们几乎肯定会遭遇时间和预算的限制，使我们的问题解决计划受到压制。虽然能解决问题的每个元素的方方面面是很棒的事情，但这几乎是不可能的。要不然，我们可能需要首先解决问题最紧急的部分，剩下一些较低优先级的暂时等待。

为了做到这一点，优先级排序非常重要。

资料来源：Saivezzo/Shutterstock

知识简介

优先级排序可以采取多种形式。在我们解决问题的活动中，我们可以选择：

- 优先考虑结果——哪些 KIPs 和 CSFs 最重要？

- 优先考虑目标——哪些目标（或业务用例）是问题解决活动的最优先事项？

在许多情况下，CSFs 和 KPIs 将难以优先排列。如果我们对它们进行了充分的研究与分析，我们将能够得出几个真正至关重要的核心措施。因此，集中精力优先考虑目标通常比较有用。

此活动可以参照业务用例图而进行。

如何做

1. 依次考虑每个业务用例。问一些问题，比如"在我们的问题解决活动中纳入这个业务用例有什么价值？"以及"对此业务用例的任何更改是否可以再等一等，还是说它们必不可少？"

2. 通过将每个业务用例纳入其中，并确保它们链接到 CSFs 和 KPIs，评估将达成的利益类型。如果他们不能链接，那么也许这些活动应当被视为超出了范围。

3. 将每个业务用例指定优先级。优先机制有许多——一个简单的数字标准，或者可以使用"高、中、低"标准，或更正式的像"MoSCoW"这样的机制。或者，一个简单的"强制性的和令人满意的"的标准可以使用。

（MoSCoW 技术的解释请参考卡德尔、保罗和特纳，2014.）

反思

- 成效如何？

- 下次我会怎么做？

参考文献

Cadle, J., Paul, D. and Turner, P., 2014. *Business Analysis Techniques: 99 Essential Techniques for Success*. Swindon: BCS.

4.7 设置范围的边界

为什么

在本章前面，我们讨论了避免"范围蔓延"的重要性。这样做的一个目的是确保我们的范围被清楚地阐明。我们的问题陈述和我们的 CSFs 和 KPIs 提供了一个绝佳的出发点，但这可以通过使用我们的业务用例图来建立。在我们的业务用例图上标注范围很容易做到，并将有助于避免未来关于范围的冲突、分歧和一般性的争论。

知识简介

一旦优先级排定，就可以就哪些业务用例应继续构成我们问题解决活动的一部分展开讨论。这可以通过在业务用例图上绘制范围边界来将其可视化，如下面的示例所示：

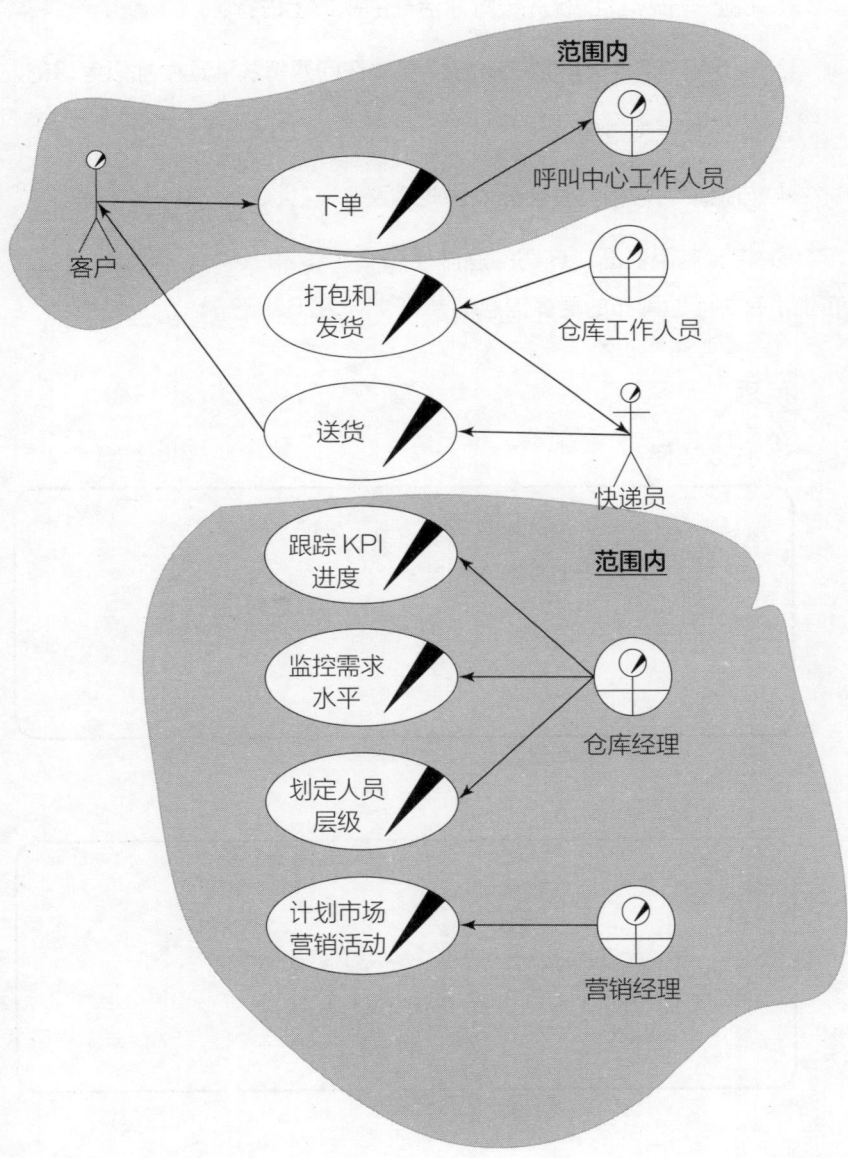

这张图清楚地显示了范围内外业务用例，如果能正确使用的话则不会留下歧义或误解。

如何

1. 在上一节所述的优先级排序活动的基础上进行。

2. 商定哪些业务用例最有价值 / 需要在问题解决活动中加以考虑的。

3. 画一条代表范围的线。

4. 与相关利益相关者会面以达成协议。

5. 将业务用例图，连同问题陈述和 CSFs 和 KPIs，添加到问题画布上（有关问题画布的更多信息请参见 1. 7 和 6.1 节）。

反思

- 成效如何？

- 下次我会怎么做？

第**5**章

解决方案：生成方案选项

5.1 将结果铭记于心

到目前为止，在这本书中，我们主要聚焦于定义和理解问题。在本章中，我们将研究如何考量可能的解决方案，以及如何将这些可能的解决方案缩减到可管理的数量。

当我们开始思考解决方案时，避开选定第一个看上去似乎可行的解决方案的诱惑是非常重要的。在大多数情况下，发散性地思考并生成一些相互竞争的解决方案是很有价值的——而不是在我们偶然发现的第一个方案上尘埃落定。通过更广泛的思考，我们可能会遇到比我们预想中更便宜、更好、更快的选项。更广泛的思考也可以帮助我们避免对问题下意识的反应——这种反应可能还没有经过深思熟虑。

将所期望的结果铭记于心有助于我们避开以上这些问题。

资料来源：Lightspring/Shutterstock

这样做

　　创建一个部分完整的问题画布（参见第 6 章），并用问题陈述、业务用例图和 CSFs/KPIs 说明清楚。将其带到会议中，用其引导进一步的对话，并将这些讨论从潜意识的解决方案的关注中转移出去。将对话与结果联系起来，以确保它们处于思想的前端。

5.2 汇聚一堂，设想多种解决方案

　　选择解决方案的第一步是创建潜在解决方案的非结构化列表。这可能是通过基于案头的研究、访谈和头脑风暴的结合来创建的。有用的洞见通常来自人们汇聚一堂、头脑风暴、集思广益。这使人们能够在彼此想法的基础之上创建新的或更多的解决方案选项，而如果纯粹依靠采访和研究的话，这些选项可能不会出现。

　　初始的潜在解决方案列表实际上可能会很长——最初的目的是关注数量超过质量。在 5.3 和 5.4 节中，我们将进一步讨论精炼列表。因此，在研讨会开始时向与会者简要介绍情况，并明确会议的预期目标很重要。

资料来源：nasirkhan/Shutterstock

这样做

召开一次研讨会，确保与会者对会议的目的有明确的预期。在会议中确保 CSFs、KPls 和问题陈述清晰可见，并设置明确的焦点陈述，以便团队了解他们要解决的问题。

5.3 开始评估方案：创建长列表

前一节中提到的头脑风暴活动将产生大量的观点——但鉴于项目的限制，只有其中一些方案是可行的。有些方案可能显然过于昂贵、耗时、冒险或古怪。这也是删除或合并已提出的任何重复性建议的机会。甚至有些观点会建议不要完全解决这个问题（或者在组织内部不太合适）。下一个逻辑阶段是"扫除"任何异常值，这样我们就可以得到一长串可能的解决方案，这些方案——一开始——似乎是可行的。这就可以拿来进行深入分析。

最初的评估过程最好在首轮头脑风暴会议之后进行，而帮助生成这些想法的小组往往很好地帮助评估哪些想法最可行。在依次对每个建议／潜在解决方案进行比较时，小组将考虑其符合总体目标（以及任何其他相关因素）的可行性和程度。在会议结束时，一份议定的"长列表"就出来了。

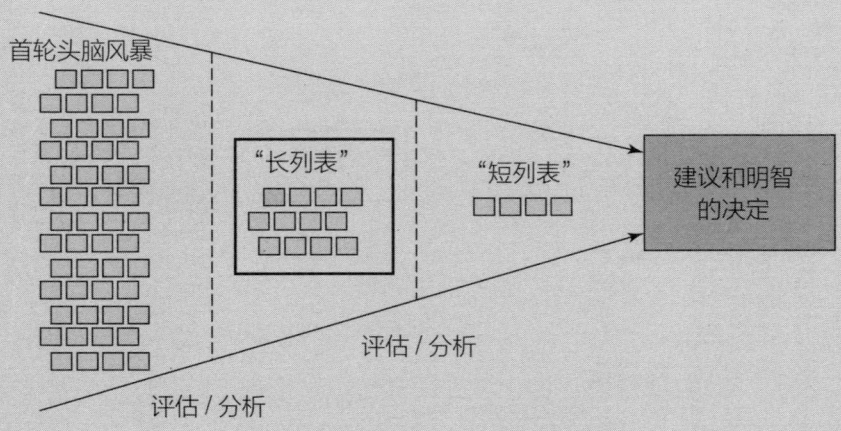

这样做

在头脑风暴活动结束后，尽可能快地将生成的想法合理化并创建一个长列表。与小组合作，确定哪些想法将符合 CSFs 和 KPls 所概括的目标，哪些在范围内，而哪些又具有成功的最高可能性。

5.4 具体化：精简列表

在上一节中，我们讨论了创建一个"长列表"。我们下一步是将列表删减到最具可行性的三四个选项。为此，要把每个解决方案都变成一个简短的描述——只是几个段落——并考虑如何运用方案解决问题。同时要思考可能的收益、成本和风险。这可能需要进一步的高层次分析——或许可以与解决方案提供商或供应商交谈（以了解可能的成本）——但应该指出，这是一个最原始的"直觉"。其设计的初衷旨在允许方案之间进行比较，而不需要将有限的数据归因于成本或利益。

精简后的方案列表将会继续发展推演，在合适的时候，可以对成本、收益和其他相关因素进行更彻底的分析。

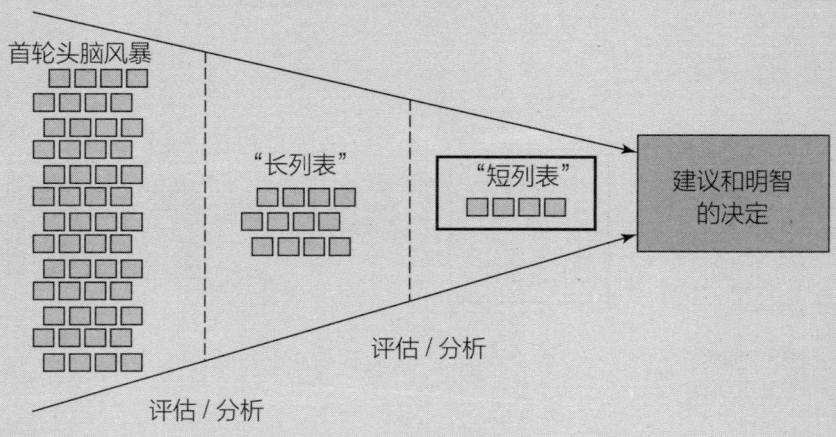

这样做

　　使用本章"重点分析"部分中提供的模板（第 5.4 节），比较长列表列出的每个选项。请记住，这是一个相对快速的动作，虽然有必要进行一些深入的、高层次分析／调查，但我们只需要足够的信息来对选项进行比较。

5.5 "无为而治"

　　当创建一个简短的列表时，有一个我们应该考虑的选择是什么都不做。这将创建一个有用的基线，并帮助我们比较做某事的相对优点。它有助于确保我们不会不经意地要假设我们必须采取行动，而实际上（有时候）什么都不做可能是一个可行的选择。

　　什么也不做，包括评估如果问题没有解决会发生什么。成本会怎样？销售收入呢？什么会变得更糟？什么将保持不变？（正面和负面的）影响有哪些？

资料来源：Dimec/Shutterstock

这样做

　　使用在 5.4 节中提供的模板来考察"无为而治"的待选方案列表，并与正在考虑的其他选项进行比较和对比。

5.6 比较简短列表的选项

创建了一个三四个解决方案的简短列表后，我们下一步即是对它们进行相互比较。这将涉及对每种解决方案的利弊更为详尽的了解，以便得出对采用哪种解决方案的客观建议。至少，考虑每个待选方案的成本、收益和风险是很有用的。有必要与相关专家或解决方案提供商（例如供应商）联系，以了解或估计成本，而另外一组专家将帮助我们了解可能的好处。

问题解决计划的规模和形式将决定所进行的分析水平。对于非常小的增量变化，对成本进行粗略估计可能就足够了。当实施一个百万英镑的 IT 系统时，则很可能需要一个正式的业务案例。了解组织的项目管理过程很重要，因为这可能会强加特定的步骤或模板。

资料来源：Roobcio/Shutterstock

这样做

确定每个简短列表待选方案的详细利弊，特别注意成本、收益和风险。请记住，收益和成本可以是无形的，也可以是有形的。确保您遵守了每个内部项目管理步骤。

5.7 验证并提出建议

在比较了每个简短列表的待选方案之后，我们现在可以准备提出建议了。提出建议是一种需要审慎权衡的行为。显然，我们需要考虑的收益、成本、风险等——但我们也需要尽可能确保解决方案能解决问题，而且在任何有限条件（时间／预算）下都适用。我们可能会发现，外部的商业环境会使得某些解决方案比其他方案更优，因此我们最好是重新讨论我们的 STEEPLE 分析。

我们如何评估和提出建议将取决于所需的手续。对于大规模的变化或需要高级别手续的，我们可以选择使用一个正式的评分机制：对于更小或更少的正式变动，一个定性的利弊列表可能已经足够。无论哪种方式，我们都需要向决策者提供足够的信息，以满怀信心地作出决定。

资料来源：Veerachai Viteeman/Shutterstock

这样做

基于利弊列表，从更宽广的方面考量问题和商业环境。比较这些待选方案，并提出一个明确的建议。陈述任何假设，以使决策者完全清楚他们所做的决定。

5.1 将结果铭记于心

为什么？

到目前为止，我们已经讨论了如何确定我们要解决的问题和我们需要实现的结果。下一个合乎逻辑的步骤就是考虑潜在的解决方案。然而，经验告诉我们，人的大脑有一种做出"快速判断"的倾向——并且任其发展，由此导致我们此前讨论过的那种膝跳反射式的、下意识的决定。通常一个特定的解决方案可能具有特殊的吸引力，也许有一个时尚的软件包，我们的利益相关者会觉得买下它至关重要。当然，软件可能是最好的选择——但在我们检查并考虑了一系列选项之后，会发现这有非常大的不确定性。此外，如果我们购买了这个软件并发现它并没有解决我们的问题，那么我们可能犯了一个非常昂贵的错误！

到目前为止，我们问题解决活动帮我们避免了这种下意识的活动——在我们考虑解决办法（有时被称为"solutioneering"）的过程中，始终将结果铭记于心是至关重要的。

资料来源：LightSpring/Shutterstock

知识简介

在备受推崇的《思维，快速和缓慢》中，诺贝尔奖得主丹尼尔·卡尼曼概述了两种思维方式：

思维系统 1：使我们能够做出快速、直观的评估和决策。思维系统 1 是无意识的，建立在我们的经验和偏见之上。当行人走出去的时候，是思维系统 1 让你踩刹车——这是一个你不必去有意识思考的活动。思维系统 1 是一般方式的反应，所以可以得出误导的反应（我小时候曾经被一只狗咬过。这是一个创伤性事件。至今我仍然对某些类型的狗有一种不合理的恐惧，我不得不"跨越"我大脑本能的渴望远离他们）。

思维系统 2：使我们能够进行详细的分析和计算。回答问题"233×14 等于多少"将用到思维系统 2。

（改编自卡尼曼，2012）

通常，对于最好的解决方案，我们可能会有一种"直觉"。我们不应该忽视这一点，但值得鼓励发散性思维——可能还会有许多其他的解决方案。我们的"直觉"（和思维系统 1）可能会导致我们假设某种解决方案会奏效，但实际情况也许并非如此。

如何做

1. 保持结果可见：确保在探讨解决方案的活动过程中，所期望的结果清晰可见。考虑创建一个部分完整的问题画布，并将其带到会议中。把它放在桌子中心，或是同样显而易见的地方，这将会很有用。（有关问题画布的更多信息，请参见 1.7 节和 6.1 节。）

2. 首先鼓励发散性思维：在我们探讨解决方案的活动早期阶段，鼓励发散性思维是很有价值的，以确保能够提出一系列的想法。使用 2.3 节中的图表可以帮助达成共识，并帮助我们与利益相关者设定期望。

反思

- 成效如何？

- 下次我会怎么做？

参考文献

Kahneman, D., 2012. *Thinking, Fast and Slow*. London: Penguin.

5.2 汇聚一堂，设想多种解决方案

为什么

如前一节所提到的，避免跳进我们找出的第一个解决方案是有益的。在许多情况下，我们有大量的潜在解决方案可供选择。无论是个别的，还是在小组内，想象可以探索潜在的解决方案，都会是有用的。

资料来源：Palto/Shutterstock

知识简介

这里的逻辑起点是确定可用的各种解决方案选项。这些可能开始会像"购买 CRM 软件包"一样广泛，或者更具体的如"改进销售流程，以提前付款"。无论哪种方式，这些解决方案选项仍然是高级别的，需要进一步的分析和细节。

得出不同解决方案选项的方法多种多样。标杆分析和研究可以提供进一步的洞见（"其他人是如何解决这个问题的？"以及"我们的竞争对手做了什么？"）白皮书和咨询公司的研究也可以提供进一步的信息。但是应该指出的是，虽然对其他组织的简单效仿可能会使你与竞争对手保持一致，却不大可能（依靠自身）推动竞争优势。

此外，我们的利益相关者是潜在解决方案的丰富来源。召集一个头脑风暴研讨会，并鼓励与会者提出尽可能多的选项是很有价值的。最初的头脑风暴非常关注数量——也许有些想法是不可行的，但是正是提出它们的这个行为会让我们考虑它们。我们可能还会发现，最好的选择是结合了好几种想法的——也许每个想法在单独看来是不可行，但一经结合，他们便生成了完美的结果。

如何做

1. 召开一次研讨会。作好准备，并鼓励与会者提出尽可能多的想法。通过设置一些"头脑风暴规则"来建立一个协作环境，其中可能包括：

- 推迟判断：担忧其后的可行性。

- 追求数量：不用自我审查。什么都行。

- 所有想法都是平等的：不管提出这些建议的人的资历如何。

2. 展示所需结果：使问题陈述、CSFs 和 KPIs 可见。他们不需要约束我们的思想，但他们确实需要作为一个信号灯塔来代表我们的目标。

3. 为头脑风暴活动设置明确的焦点声明：这可能像"我们如何解决 X 问题"这样简单，或者您可以选择使用更精细的焦点声明。

4. 鼓励人们尽可能多地提供意见。

5. 在头脑风暴活动完成后，与小组合作，进行分类、筛选、除重并将这些想法按组分为不同的主题，以供后续讨论。

反思

- 成效如何？

- 下次我会怎么做？

5.3 开始评估方案：创建长列表

为什么

在上一节中，我们讨论了头脑风暴和确定潜在的解决方案选项。在首轮头脑风暴中，重点将是创造尽可能多的想法，而（尚且）不必担心它们的可行性。

在鼓励这种发散性思维的同时，我们需要继续向前推进，汇聚到一套最合适的解决方案上，这一点非常重要。这首先要"淘汰"任何显然不合适／无法实现的解决方案，并将那些最可取和可行的按优先级排序。此活动将创建一个初步的、可用的更为详细的评估的"长列表"。

知识简介

头脑风暴往往会产生数以百计的潜在观点，但经过客观冷静的分析，只有其中一些才可能是可行和可取的。我们可以对每一个观点进行全面的分析，但这需要大量的时间和资源——因此，这样一个"三步法"会是有用的：首先，通过首轮头脑风暴创建大量的选项；然后，快速评估这些选项，并创建一个"长列表"；最后，进一步评估和比较，创建一个"短列表"。

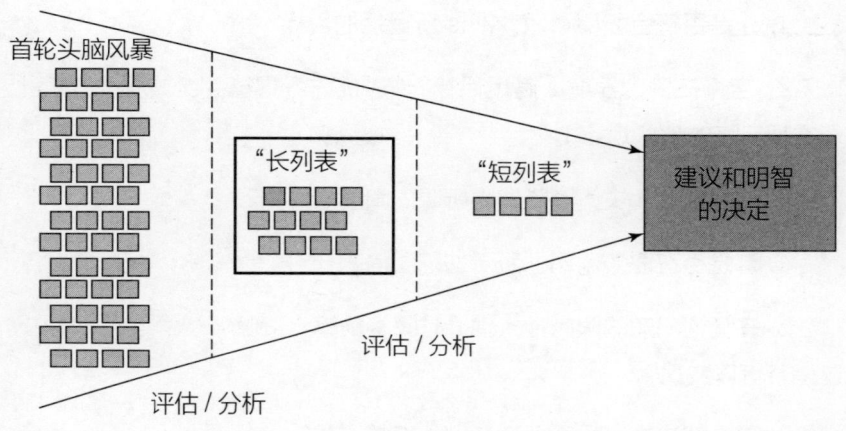

在本节中，我们将讨论创建"长列表"。

在评估和分析的最初阶段，我们可以抛开任何绝对无法实现的想法——不管是出于什么原因——以及那些实际上并不能解决我们想要解决的那个问题的观点。它作为我们的第一个"过滤器"，使我们能够专注于最可行和最有价值的解决方案。在这个过程中，我们正在对可能的解决方案进行比较、对比和汇集。

如何做

这个初始评估活动可以在想法生成之后立即展开，并且在研讨会的环境下实行起来会有不错的效果。但是，在研讨会"生成观点"和"评估"环节之间最好是有一个简短的中场休息喝咖啡的时间，以便让人们有时间"重启"和"反思"。

在准备此活动时，有必要让问题声明、CSFs、KPIs 和业务用例图清晰可见。与小组一起工作，并依次采取已生成的每个观点／主题。问这样的问题：

1. 这是否符合 CSFs 和 KPIs 所概括的目标？

2. 它将在多大程度上满足目标？（应优先考虑能完全或更大程度上能实现目标的那些观点）。

3. 这是否会解决问题陈述中所明确阐述的问题？

4. 这是否在业务用例图所示的范围内？

5. 在任何已知的限制性条件（时间、预算、资源、技术等）范围内，这是否可以实现？

6. 这个解决方案是否适合我们组织的文化？

7. 这一观点是否可以和其他的观点组合或融合，以创建一个更有效的选择？

这种活动通常可以相对较快地进行。如果每个观点 / 主题都已经写在便利贴上，那么将其分成三堆就可以了：是、不是、不知道（暂缓）。任何看上去挺好的、应当进入下一阶段的评估观点，都应该被归入"是"的那一堆；任何明显异常、不应该再继续深入的，归入"不是"那一堆；任何还需要更多信息（所以还不能立即作出决定）的观点，则移入"不知道（暂缓）"那一堆。这可以防止以这些内容为中心进行对话——针对其中的每一项，记录所需的信息，然后在会议结束后立即进行查找。下面的图示说明了这一点。

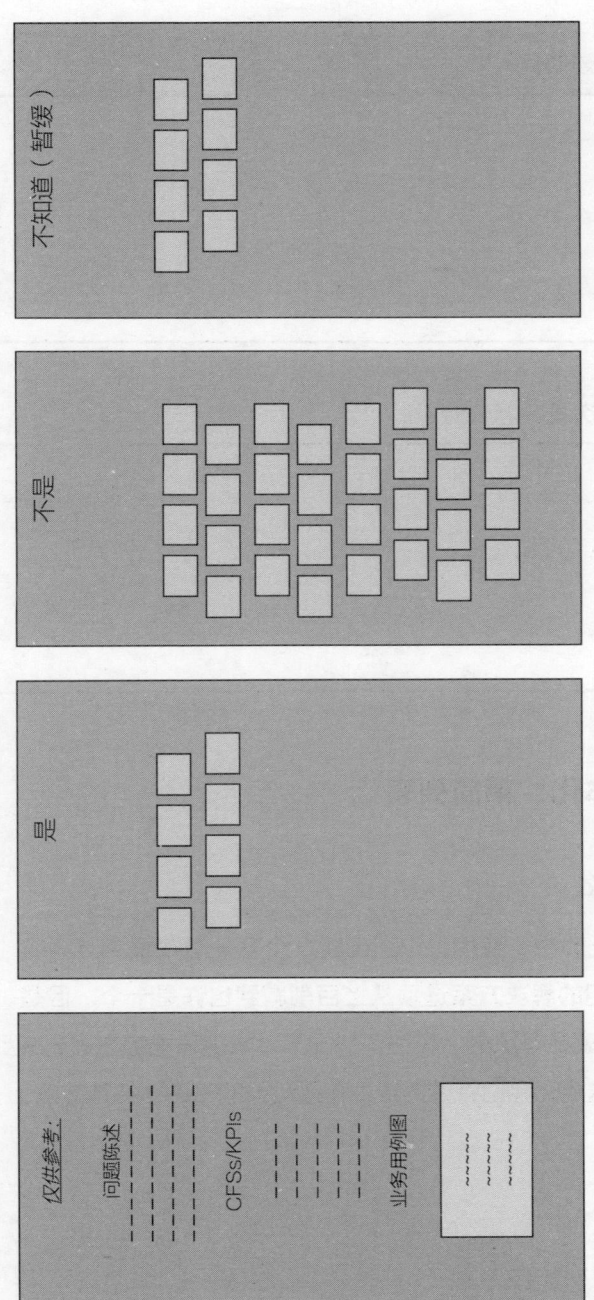

反思

- 成效如何？

```

```

- 下次我会怎么做？

```

```

5.4 具体化：精简列表

为什么

在上一节中，我们讨论了创建一个有关潜在解决方案的"长列表"。这将让我们的解决方案选项从上百削减到也许是十个。但是，更详细地"修剪"列表是有用的。在许多情况下，将列表里的方案删减到三四个是合适的。这能让我们将精力集中在最可行的三四个待选方案上。

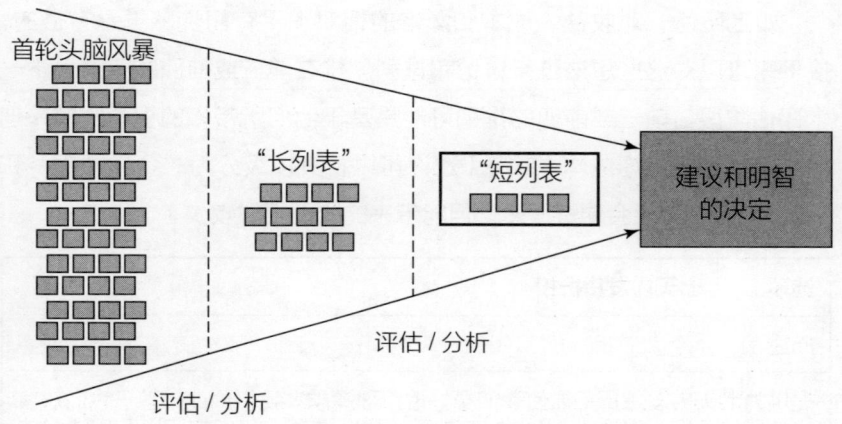

知识简介

列表精简需要对每个选项进行更详细的分析，但是这种分析要保持在相当高的水平。在创建长列表时，我们提出的问题往往是相当抽象的（如"新的计算机软件包是否有助于解决这个问题？"），当精简列表时我们需要转移到一个较低的抽象级别，来开始讨论一些具体的细节（"是否有一个合适的计算机软件包可用，并且我们是否有资源来有效利用它？）

这可能要求我们进行研究，甚至联系供应商 / 特定解决方案提供商，以得到一般性信息。我们可能还需要咨询我们组织内更广泛的利益相关者，以了解特定待选方案的影响。

如何做

把长列表上每一个的想法变成一个简短的描述——几个段落即可——对解决方案如何解决问题以及可达成的收益进行更详细的描述。以我们的邮购零售商为例，一个潜在的解决方案可能是七天内发货可享受一定折扣。

将这一问题转化为一个更广泛的解决方案描述是很有用的，将其链接到问题陈述，并概述影响、成本和收益的主要领域（见下表）。

　　如上所述，对收益、成本和影响的相对水平有初步感觉是有益的。接下来可以对这些想法进行讨论和排列，排在前三或前四的将进入下一个评估阶段。前三或前四的排列可能是基于他们所带来的相对收益来选择的，或者是考虑成本／影响（也许可以将其按级分为"金"、"银"和"铜"，"铜"可能会便宜得多，但能带来的收益相对较少）。

选项	七天内发货折扣						
描述							
提供为七天内发货折扣能使我们更好地管理需求。我们预计，基于我们对客户数量的了解，40%～60% 的客户会选择此选项。我们将可以利用快递的折扣省钱，如果时间繁忙，我们将有多达六天的时间打包和派送订单。							
受影响领域							
这会要求对订单过程进行调整，对订单数据库进行微调，更派送进程，并需要培训和沟通计划。							
主要优点							
将使我们能够管理需求——可以让我们避开"峰值"，而仓库团队将能够减少对加班和临时工的依赖（降低工资开支）。我们还为我们的客户提供另一种送货选择，提高满意度。我们可以利用快递的折扣，降低成本。							
主要费用							
分析和推演变化后的订单流程。 规范和实施对订单数据库的调整。 财务尚未进行预算。							
主要风险							
在一定程度上，客户可能不会选择使用这个我们期待的发货选项。							
评论							
此解决方案的影响、成本相对较低，并将带来中等水平的收益。如果认为可行，将需要进行更详细的预估。							
版本控制							
作者	SD	更新	2 月 4 日	状态	草案	版本	0.1

反思

- 成效如何？

```




```

- 下次我会怎么做？

```




```

5.5 "无为而治"

为什么

尽管这听起来有悖常理，但一旦开始评估潜在的解决方案选项，不妨考虑一下如果我们什么都不做会发生什么也很有用。或者，换句话说，如果我们不解决这个问题会怎么样？

这是一个重要的思索，因为它能帮助我们获得一个基线——它可能是，例如，在我们的邮购零售的案例里，如果我们什么都不做，我们预计投诉会上升，利润会减少。这就会催生一定要做点什么的紧迫感！当然，在其他情况下，什么都不做可能是最可行的选择，而进行这种分析可能会让我们避免做出一个下意识的决定——既耗费金钱，又只有一点点或者压根没有一丁点儿收益。

资料来源：Sergii Korolko/Shutterstock

知识简介

考虑"无为而治"的影响是很重要的。这要求我们假设或预测，如果问题没有得到解决，则可能会发生什么。在财务方面将其进行量化是值得的，同时也要考虑无形的因素和风险。这样做的目的是创建一个客观简洁的画面，来展示如果当前状态保持不变，则可能会发生什么情况。

有用的问题包括：

- 问题可能会随着时间的推移而恶化，还是会保持不变？
- 如果它会变得更糟，会到达什么样的程度且会有多快？
- 如果问题未解决，我们的客户群会发生什么情况？
- 是否会对总营收产生任何影响？
- 是否会对成本产生任何影响？
- 是否有任何法律或法规方面的影响？
- 对员工有什么影响？
- 是否还有其他利益相关者会继续受到影响，如果这样的话又会造成什么影响？
- 可能有任何名誉影响吗？
- 是否可能有其他有形或无形影响？它们有多大可能性？
- 是否有任何关键的截止日期，如果有，是什么时候（以及为什么是这个时间）？

如何做

1. 首先简要说明什么都不做的影响。

2. 使用 5.4 节中表格中的标题和上面的问题作为开始，进一步检查 / 详尽说明该待选方案。

3. 与小部分相关的利益干系人合作，彻底了解该待选方案。

4. 特别注意风险。

5. 对于每个潜在风险事件，也列出该风险的后果，以及是否有任何方法可以避免、减轻或转移风险。

6. 请记住，在这个阶段，我们是要寻找每个待选方案的简明摘要——接下来将进一步分析——因此要将重点放在当前最重要的方面。

反思

- 成效如何？

- 下次我会怎么做？

5.6 比较简短列表的选项

为什么

创建了一个简短的列表后，就是说，三个潜在的解决方案允许我们直接对它们进行比较和对比。有了一系列可管理的解决方案，我们可以收集和整理数据，以便做出客观的决定。根据问题的性质和大小，我们可以将一个正式的"业务用例"样式的文档放在一起——或者对于不太正式 / 更小的问题，我们可能只是总结一下每个选项的主要收益和成本。如果您的组织有特定的项目管理流程，则必须确保考虑到这一点，因为它可能意味着，在解决方案决策之前，或是费用可以提交之前，需要提交特定的模板或步骤。

资料来源：Nelson Marques/Shutterstock

知识简介

为了客观地评估不同的解决方案，至少了解和考虑一下下表中显示的因素是很有用的。

有更复杂的方法来评估不同待选方案的成本 / 收益，但超出了本书的范围。正在整理正式业务用例的读者会对《参考文献和延伸阅读》章节中提到的资源感兴趣的。

因素	描述	例子
实施的成本	与变革相关的成本	x 英镑用于购买新数据库服务器
运营成本 / 维持解决方案	必须定期支付的持续成本	每年 x 英镑的软件许可 员工费用:y
有形的财务收益	可以用合理的确定性标准和财务术语来量化的、可预测的收益	快递费用节省了 x 英镑 许可成本降低 y 英镑
有形的非财务收益	可以用合理的确定性标准和非财务术语来量化的、可预测的收益	处理时间从 20 分钟缩减到 10 分钟
无形的收益	不能用任何精确性的标准来提前预测和量化的收益	品牌知名度提高 客户满意度提升
无形的成本	不能用任何确定性的标准来提前预测和量化的成本	当用户习惯了新流程，生产率将暂时下降
风险	可能会影响组织或变革的不确定性事件。能捕获任何可避免、减轻或是转移的风险也是很有价值的	我们的客户可能不采用新的流程，而是选择从竞争对手那里购买，导致营收损失和利润降低

如何做

与利益相关者和解决方案提供商 / 供应商合作，为每个短列表上的待选方案建立大致的成本和收益预估。比较每个可选方案——理想情况下，我们寻找的是能提供最高经常性收益、最低成本和最低风险的选项。然而，提出的建议往往需仔细权衡利弊——这将在下一节讨论。

反思

- 成效如何？

（空白框）

- 下次我会怎么做？

（空白框）

5.7 验证并提出建议

为什么

我们已经来到了问题解决生命周期的关键部分。在已经检查了几个解决方案后，我们准备提出建议。该建议将明确指出一个最佳（或几个）解决方案，并将说明需要采取的下一步行动。

资料来源：Johnkwan/Shutterstock

图稿 / 考虑事宜	参阅章节	考虑事宜 / 要提的问题
成本和效益	**5.6**	预算是什么水平？ 哪一种解决方案能为预算提供最佳的投资回报？ 组织如何衡量财务成功？
问题陈述	**2.2**	每个解决方案都能解决整个问题吗？ 有一个解决方案是以相对更好或更全面的方式解决问题的吗？
结果：平衡计分卡 （CSFs 和 KPI）	**3.2** **3.3** **3.4**	哪个解决方案最符合 CSFs 和 KPIs？
范围：业务用例图	**4.4** **4.5** **4.6**	哪个解决方案最符合已确定的范围？
现在的情形	**2.4** **4.3**	哪一种解决方案最符合现在的情况？ 如果需要改变，是否有意愿实施这种变化？
风险	**6.6**	组织的风险偏好是什么？ 是否有解决方案太冒险？ 为了获得更大的回报，该组织是否准备接受更大的风险？
限制性条件	**1.6** **3.5**	哪个解决方案最符合任意限制性条件（时间、预算、质量、技术等）？
外部环境： STEEPLE	**2.5**	哪个解决方案与组织的外部业务环境最相一致？ 哪个更有可能见证未来？

知识简介

提出建议是一种需要审慎权衡的行为。我们经常比较不同的解决方案，每种方案都有不同的收益、成本和关联的风险。将每个潜在的解决方案与我们此前确定的问题陈述的结果和范围进行验证和比对是很有用的。

理解和重新研讨包括预算或时间在内的任何限制性条件也至关重要，这让我们能够确保这项建议在其之下是能够实现的。

如何做

达成一项建议涉及权衡方案与组织及其利益相关者的优先事项。重要的是要与利益相关者一起做出决定。一个小的问题解决活动（例如加快进程步伐）的决策过程，可能远不如一项涉及几百万金额的大规模活动（如在一个新的市场投放一个新产品带来的利润增长）那么正式。

如果需要一个正式的和客观的决策过程，那么建立一个评分和加权机制就很有用了。可以根据对组织及其利益相关者的重要程度来排列相对成本和收益。可以在上面表格中的类别基础上添加评估标准。评价标准应尽可能客观和具体。包括回收期、贴现现金流 / 净现值和内部回报率 (IRR) 在内的正式的投资评估技术，可以帮助对财务要素作出明智而客观的决定——对这些技术感兴趣的读者可在《参考文献和延伸阅读》章节中找到有用的资源。

如果需要不那么正式的决策过程，则可能需要编制一份定性的利弊表，并与相关的利益相关者讨论此问题。确保客观性仍然很重要，我们必须警惕防止任何影响决策的偏见。

无论哪种方式，我们都应该提出建议，然后考虑下一步来实现我们的变更。一旦我们有了一个明确的建议，我们就可以把解决问题的各种活动一起变成一个简单而精确的问题解决画布。下一章将对此进行讨论。

反思

- 成效如何？

- 下次我会怎么做？

第 **6** 章

兼收并蓄：单页"问题画布"

6.1 简洁精确：创建画布

问题画布是一个单页的模板，它简明地总结了我们要解决的问题、范围以及我们正在考虑的解决方案（以及建议的下一步操作）。它将以前的所有工作集中到一张纸上，这样我们就可以确保每个人真正地都"在同一页上"（立场一致）。如第 1 章所述，它清晰地阐明了问题解决计划的"为什么""是什么"和"怎么做"。

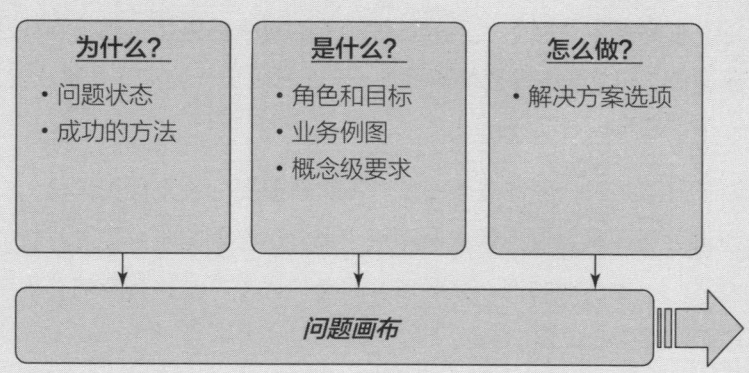

资料来源：Blackmetric业务解决方案

在最初的问题分析活动发生时，迭代地构建问题画布是很好的做法，我们在本书中确实已提到过好几次。但是，一旦我们完成了第 1~5 章中所描述的所有活动，我们就可以很好地确保画布的每个部分都完成了。一旦完成，我们可以确保画布的各个区域是一致的，并且关键的利益相关者都同意——关于获得共识的内容将在下一节中讨论。一旦达成协议，问题画布就成为未来工作的一个有用的"指路明灯"。

本章的"重点分析"部分包含了一个示例问题画布（第6.1节）

这样做

在整个问题和解决方案分析过程中逐步、迭代地构建了问题画布后，请抓住最后一次机会填好任何空白并检查是否完整。这将确保为与关键的利益相关者进行最终审查做好了万全准备。

6.2 获得共识

将问题画布的完整版放在一起，是时候与相关的利益相关者进行审查了。让大家汇聚一堂，并对每一部分进行反思（和复查），这会是十分有益的。你会反复这样做，但是这种额外的复查提供了将画布当成一个整体来审查的机会——全盘性的那种——在任何进一步的工作推进之前，进行一下"感觉核查"。

为了取得共识，思考谁需要参与审查很重要。联系相关人员，安排专题研讨会或评审会议。依次遍历每个部分，必要的时候可进行任何必要的修正。一旦达成共识，就要求发起者"签发"并将其存储在每个人都可以访问的中心位置。

资料来源：ZPhoto/Shutterstock

这样做

让相关人员一起审查问题画布，一旦达成协议，将其存储在可访问的中心位置，以便它可以成为未来工作的"指路明灯"。

6.3 问题画布——内部销售工具

为了确保我们问题解决计划尽可能有效地开展，我们可能需要在利益上对某些团体或个人作出让步。在本组织内部或外部，可能会有某些利益相关者团体，他们不直接参与这项行动，但对其成功至关重要。即便我们没有权威，我们也可能需要影响他们。

问题画布是非常有用的营销工具。它简明地总结了改变的必要性、变化的范围和好处。当向客户、供应商、合作伙伴、最终用户和一线员工解释此计划时，我们就可以基于问题画布开始展开对话。我们可以留下一份画布的副本，以便他们能够将信息传递给他们的队友和员工。这是一个建立融洽关系、沟通各方和倾听人们可能的担忧的机会。

资料来源：StockLite/Shutterstock

这样做

　　把问题画布当作一种工具,用于沟通变革的需要、范围和好处。用它来带领别人加入,并在可能的情况下,确保他们对变革有支持和热情。在人们没有立即支持的地方,以画布当工具来帮助定位他们的关注点。

6.4 获得承诺

　　解决问题是一种团体努力行为。虽然我们可能会自行协调,但我们可能需要很多同事的行动和投入——可能是在组织内部和外部。在分析阶段,当构建画布时,可能就需要这种投入——并且一旦选定了解决方案,这种需要很可能会急剧增加。重要的是,我们需要向人们请求其承诺和时间。如果合适的人不支持、不愿意或不能够提供帮助,那我们也就没有理由着手问题解决计划。如果他们没有时间,那么也许最好把计划推迟到他们有时间的时候(或者以不同的方式计划或安排计划,或者尝试用另一种方法解决问题)。

资料来源:Michael D. Brown/Shutterstock

这样做

向人们寻求对特定任务的承诺。建立一个负责、当责、咨询、知会（RACI: Responsible, Accountable, Consulted, Informed）矩阵，以便明晰，对于每个任务，谁是应对其负责的人和／或当责（或称尽责，若不能交付结果则可以被问责的人——译者注）的人，以及谁是可向其咨询的人和／或需要被知会的人。

6.5 计划下一步

为了确保行动的施行，我们必须创建计划。这包括了解任务、工作／工期、相关信息以及执行这些操作所需的人员。理想的情况下，在大规模的计划中，制定计划的任务应当分配给项目经理来承担——但是如果没有分配给项目经理，我们可能需要在短期内找到其他人来制定这个计划（或者我们可能需要自己做一些事情）。

日程表应该清楚地显示时间线、任务和交付项／里程碑，并且应该及时传达，以便大家知道届时应该有什么要发生。然后，它还可以用来跟踪进度。

资料来源：ALMAGAMI/Shutterstock

> **这样做**
>
> 　与项目经理一起创建项目日程表——可能是甘特图的形式。确保显示任务、交付项、里程碑和任务之间的相关性。

6.6 当心风险

　解决问题本身就有风险。如果我们实施新的解决方案，可能会有不确定性和可预测的问题发生，为此我们可以提前做好规划。风险可以定义为：

　　"不确定性对变革、解决方案或企业价值的影响。"

　　　　　　　　　　　　　　　　　（业务分析国际研究所(IIBA)，2015）

　当推进我们的问题解决计划时，仔细思考特别选定的解决方案相关风险是有益的。问一些这样的问题，比如"什么可能阻止我们？"以及"什么可能会导致我们偏离轨道？"在确定了风险之后，我们可以考虑采取什么风险修正措施——例如，找到避免、减轻、转移风险的方法，或者是接受它。

资料来源：Gunnar Pippel/Shutterstock

这样做

　　与团队一起创建风险日志。如果您已分配了项目经理，请确保与他们以及项目团队合作，以捕获风险并确定风险修正活动。确保定期重审风险日志，并且每个风险都有对特定明确的行动负责的责任人。

6.7 问题画布：一个良好的开端（但"硬骨头"还没来）

　　问题画布是一个有用的艺术品，帮助我们快速定义问题、期望的结果和可能的解决方案。然而，重要的是要知道，画布什么时候是足够好了、可以让我们去实际实施（或计划实施）解决方案了。花上几个小时（或几天）"抛光"画布可能会很诱人——但总的目的是让画布成为快速、轻量、简洁而精确的文档。它应该促成行动，而非阻止。

　　与利益相关者协作，评估问题的相对规模和成本，通过解决它可以实现的收益体量，以及问题的规模、成本和性质。对于只需几个小时的工作量来实施的小方案，画布可以提供足够的细节信息以"快马加鞭""跑步前进"。较大的项目可能需要进一步的解释和更详细的要求。无论哪种方式，重要的是要注意，虽然画布帮助我们思考问题和定义解决方案，但它本身并不实施解决方案！"硬骨头"还没有到来，艰难的工作还在后头，而确保每个人都愿意并且能够采取下一步行动是很重要的。

资料John Foxx Collection/Imagestate

这样做

    考虑问题和解决方案的规模和影响，以确定画布是否提供了足够的信息可以使计划"快马加鞭"、"跑步前进"，或者是否需要一个更正式的可行性阶段。除了最微小的举措之外，可能还需要进一步的工作——确保人们意识到这点，并相信这一点。

详解

6.1 简洁精确：创建画布

为什么？

问题画布是一个非常有用的创作，简明和准确地总结了我们正在试图解决的问题、我们希望达到的结果以及我们正在思考的范围和解决方案。它将我们所做的所有工作都汇集到了一个页面上。

以迭代的形式来构建问题画布是正常的——它从空白开始，而一旦我们创建了新的不同的元素则将它们添加上去。

一旦问题画布完成后，它为我们未来的工作提供了一个"指路明灯"。它确保每个人都将精力集中在手头的问题上，并帮助我们避免"范围蔓延"的灾难性变化。

知识简介

下面展示的是我们的邮购零售商问题画布示例。问题画布有几个关键部分：

- **问题名称和版本控制：** 前几个部分与问题画布本身有关：

  - 问题名称：问题的简短"昵称"。为每个问题指定一个独一无二的名字是很好的做法，这样当我们与我们的利益相关者交谈时，可以确定我们在谈论的是同样的问题！

  - 画布编号：唯一的参考编号——这在大型企业中很重要，因为在这里，可能会有数十（或数百）项问题解决计划在同步进行。

- 组合：如果问题解决活动隶属于更大的工作组合，则可以在此处提及。

- 发起人：发起问题解决活动的人。这是最终对活动尽责的人和提供预算的人。

- 画布作者：创建画布的人员。

- 画布版本：版本号。指定版本号很有用，因为我们可以确定我们正在查看的是正确的版本（例如，"我们前面是否都有版本 1.2?"）。

- 日期：最近一次更新画布的日期。

- 状态：画布的状态。可能的状态类型可能包括"草稿""正在审阅""已签发"等。

- 可信度：画布作者对所显示的信息准确度的信任，可概括为红色、橙色或绿色。早期版本的画布将被标记为红色——这表明我们仍然在征求和分析信息，因此它（尚且）不可靠。之后迭代的版本通常是绿色的。

- **问题 / 机会描述：** 第 2.2 节中所讨论的有关问题或机会的简明而精确的说明。

- **成功的好处 / 措施：** 我们期望实现的结果，通常是 CSFs 和 KPIs。

- **概念级要求：** 对已确定的任何关键高级别要求的简短摘要——在这个阶段，这些需求不会是广泛的或详尽无遗的，但捕获已发现的任何特别重要的要求是很有用的，这些要求将从根本上塑造解决方案的选择。

- **指示范围：** 问题范围的指示，通常使用业务用例图表示。

- **已确定的潜在解决方案选项：** 已确定的待选解决方案短列表

清单。

- **附录：** 附件或其他相关文档的链接。

- **CARID 日志：** 附加（或链接）限制性条件、假设、风险、问题和附加项日志。

- **建议的后续步骤：** 对应采取的下一步骤的建议的摘要。

　　重要的是要注意，问题画布是问题、范围和解决方案的摘要。它不是即将生成的唯一文档，并且其他文档可以（也应该）根据需要添加或链接到它上面。

示例：问题画布

问题名称	**需求管理**	问题编号	1203 - 18
画布作者	史蒂文·汤普森	画布版本	1.0

问题 / 机会描述

由于高峰期无法快速处理客户订单而导致投诉增加的问题。

影响我们的客户（感到失望）、我们的仓库员工（不能跟上需求）和我们的呼叫中心的工作人员（必须应付不满意的客户）

导致订单被取消，名誉受损和投诉增加——所有这些将导致运营成本增加和利润减少。

一个成功的解决方案应当确保我们能够预测和管理需求，使我们能够及时地发货，从而提高客户满意度，降低运营成本，最终提高利润。

概念级要求

总结：

已注意到下列高级别的要求具有特别重要的意义：

- 处理多种货币和外汇的能力（核心货币为英镑、欧元、美元）。
- 解决方案应在核心时间段 08:00-20:00（格林尼治标准时间）之间可用——在这个时间段内可接受的可用性级别待定。

已确定的潜在解决方案选项：

选项	说明
实施新的订单管理系统和流程	可能有效，但初始投资高
提供"非急件"的奖励（7 天内发货）	调整或平滑需求
扩大规模：雇用更多员工	折扣——不能解决根本原因；但是，作为短期（临时）补救措施可能有用
什么都不做	折扣——导致利润下降

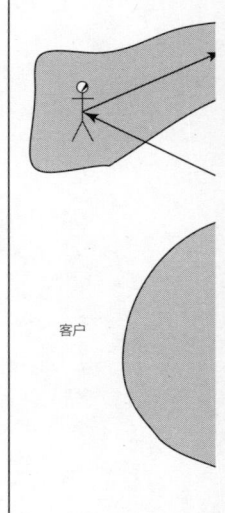

指示性范围

客户

来源：Blackmetric 业务解决方案

投资组合	XYZ 组合		发起人	凯利·卡特	可信度
日期	1 月 1 日		状态	已提审	**绿色**

成功的好处 / 措施

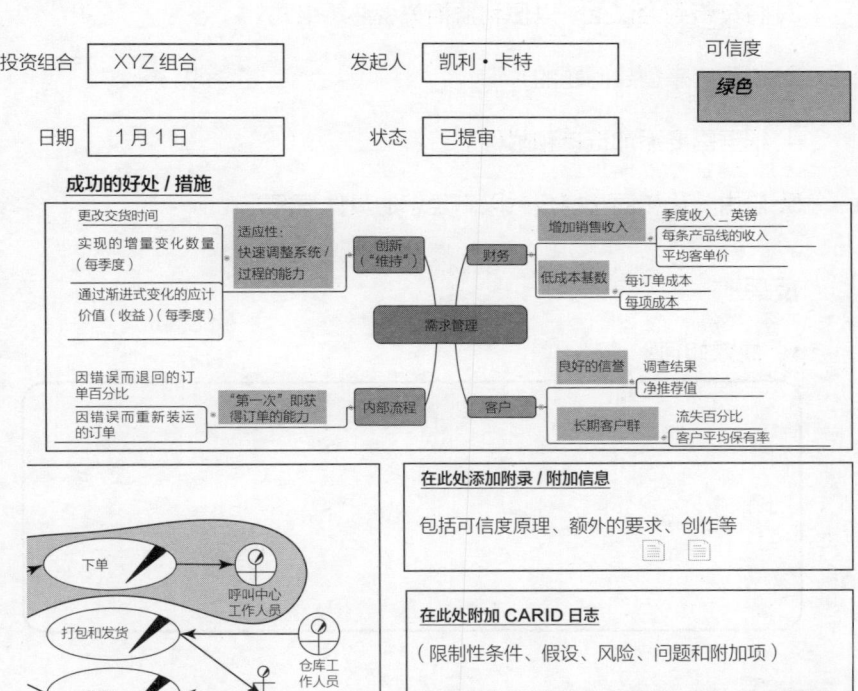

在此处添加附录 / 附加信息

包括可信度原理、额外的要求、创作等

在此处附加 CARID 日志

（限制性条件、假设、风险、问题和附加项）

建议的后续步骤

1. 根据投资规模，进行充分的可行性研究，确定哪种潜在的解决方案是最为合适的。
2. 引出、分析和记录高级别要求。
3. 创建大纲业务用例。

所需资源：

预计完工日期：3 月 1 日

如何做

1. 在推进解决问题的过程中，迭代地创建画布。

2. 将其带到会议上，以便利益相关者熟悉格式。

3. 使用它来创建问题的共识。

4. 根据需要添加链接和附件。

5. 自由美化和调整模板，以满足您的具体情况。

反思

• 成效如何？

• 下次我会怎么做？

6.2 获得共识

为什么

正如我们在书中所提到的，当不公开讨论、辩论和调和对问题的不同观点时，问题就会出现。问题画布在单个页面上有助于触发这些对话。它使我们有机会证实，我们对问题（和范围）有一致的观点，并满怀信心地向前迈进，因为我们有真正的共识。

知识简介

通常可以通过与有关的利益关系方召开简短的会议或研讨会来进行审查问题画布。除非利益相关者以前处理过问题画布，否则可能需要对其格式进行一些解释，并且在会议开始时有必要花时间这么做。在研讨会期间，把问题画布的每个部分都过一遍是很有用的，可确保观点和视角是一致的。

在会议结束时，有必要邀请发起人在研讨会期间正式"签署"一下——这提供了正式的"底线"，意味着我们可以认为此文件已获批准。

如果您一直在迭代地构建画布，则在解决问题的过程中评审和验证应该会相对简单。我们的利益相关者已经在此前看到过了画布的每个元素，但这是我们展示整个文档的机会（并确保没有遗漏或误解）。

资料来源：iQoncept/Shutterstock

如何做

1. 请参阅上文已提到过的利益相关者分析（见 1.4 和 4.2 节）。

2. 考虑谁需要参与验证画布。

3. 召开一次研讨会。首先简要说明画布的用途和格式。

4. 向利益相关者完整介绍一下画布的每一部分。

5. 准备补充资料 / 文件，以防会有提问。

6. 讨论并致力于解决出现的任何意见冲突或分歧。

7. 对画布进行必要的修正。

8. 要求发起人"签署"文件，以表明他们对其准确性满意。

9. 将文档存储在所有相关利益者有权访问的中心位置。

反思

· 成效如何？

· 下次我会怎么做？

6.3 问题画布——内部销售工具

为什么

除了最简单的问题解决活动外，我们还需要与组织内部（有时是外部）的其他人合作。我们可能会发现我们将处于一种即使我们没有直接的权力，也需要影响某人的境地。

画布可以是一个有用的工具，能帮助我们获得影响力，并将问题解决活动"营销"给我们需要合作的人。

知识简介

我们在问题解决计划中经常谈到"利益相关者"。正如我们在 1.4 节中所描述的，利益相关者可以定义为：

"与变化、需要或解决方案有关系的团体或个人。"

（业务分析国际研究所（IIBA），2015）

此定义很宽泛，并且很可能会受到变革影响的某些个人利益相关者可能没有直接参与问题画布的定义。根据变革的不同，代表性的可能包括：

- 客户
- 供应商
- 监管机构
- 合作伙伴
- 终端用户和一线员工
- 中层管理人员
- 相邻企业
- 地方政府 / 各级政府

重要的是，关键的利益相关者群体必须迅速邀请进来，我们也可借此机会征求他们的意见和建议。同样重要的是，我们需要重新审视我们的利益相关者的参与计划，并考虑哪些利益相关者是我们特别需要花时间与之沟通的。随着问题解决计划的继续，我们无疑需要依靠他们的专业知识帮助我们深入发掘问题的细微差别，因此尽早请他们加入进来是至关重要的。

资料来源：StockLite/Shutterstock

如何做

重新审视利益相关者参与计划

首先，重新审视利益相关者的参与计划并定期更新是很重要的，但一旦问题画布接近完成，重新审查它会变得特别重要。好的问题包括：

- "利益相关者图景是否发生了变化？"

- "是否有其他人需要参与进来？"

- "这个问题对谁有影响或谁对它感兴趣？"

- "对于我们提出的解决方案将会对谁有影响或谁会对其感兴趣？"

重要的是要记住，虽然问题画布现在已经完成，但它仍然可以修改。如果发现一个新的利益相关者出现，那么将他们的观点加上去还为时不晚，或者将他们能够提供的关键信息加上去！然而，事实上，在现阶段，有力地作出大决策是很正常的——而且如果我们能够很好地推进我们的问题分析，那么任何变化都可能是次要的。

制定一个沟通计划

如果你还没有考虑过如何与每个利益相关者团体沟通，那么现在就值得花时间去做。不同的利益相关者将得益于不同类型的沟通——在 1.4 节所述利益相关者地图的基础上，我们可以利用下面表中所示的下列类型的沟通。

考虑传达的信息

在传达潜在变化的细节时，通常有些人可能最初是抗拒的。花时间去了解我们的利益相关者的担忧，并尽我们所能去消除它们是值得的。考虑到每一个利益相关者团体并思考 WIIFM（这对我有什么意义？）是有用的。如果我们能清楚地指出我们所建议的解决方案对他们的好处，我们就更有可能让他们加入进来。

利益相关者影响力	问题或解决方案对利益相关者的影响	沟通类型	举例
高	高	频繁，可能的时候则面对面沟通	会议、研讨会和一对一谈话
高	低	常规咨询	通过电子邮件提供定期更新 日程表和临时会议
低	高	常规信息和机会引出想法 / 承诺	研讨会 焦点组 路演 问卷调查
低	低	一对多的"广播"	电子邮件新闻稿 员工简报

沟通——经常性的!

最后,必须说,一个搁置在架子上的通信计划是没有用的。与您的同事合作,确保有沟通,并确保收到的任何反馈都被考虑和纳入进来。

反思

- 成效如何?

- 下次我会怎么做?

参考文献

International Institute of Business Analysis (IIBA), 2015. *A Guide to the Business Analysis Body of Knowledge® (BABOK® Guide)*, v3. Toronto: IIBA.

6.4 获得承诺

为什么

"个人对集体努力的承诺——这就是团队、公司、社会、文明得以运行的原因所在。

（文斯·伦马第）

解决任何类型的问题都是一项集体努力。到目前为止，我们一直专注于彻底分析问题并设想可能的解决办法。这是一项足够艰巨的工作——但实际上实施解决方案才可能会是相当艰巨的。这通常需要来自广泛人群的协作努力——这可能包括参与实施变革的人员，以及操作系统和过程的人员，这些系统和过程受到变革的影响。例如，如果我们的解决方案的一部分涉及更改进程并会对 IT 系统产生变更，则需要开发人员、测试人员、过程专家等采取行动。同样重要的是，新的系统和流程一旦推出后，我们需要终端用户"落地"使用。因此，获得相关人员的承诺是至关重要的。

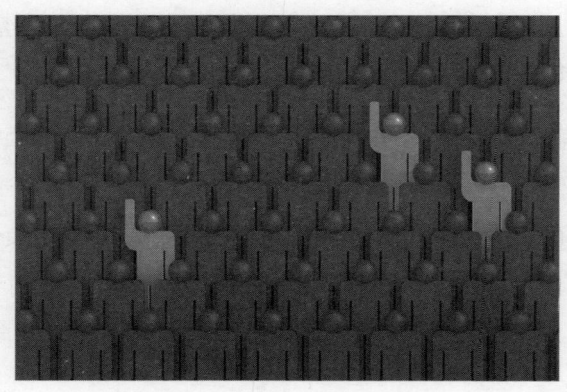

资料来源：cybrain/Shutterstock

知识简介

在解决问题的背景下，我们至少可以考虑寻求三种对我们有用的承诺：

- **使其顺利起步（对问题解决计划本身的承诺）：** 这种承诺意味着利益相关者批准并支持变革的必要性。他们将提供资源来帮助评估问题，并且不会试图阻止我们的活动。

- **使其发生（对行动的承诺）：** 除了对该计划的广泛支持，我们可能需要对个别行动作出承诺。

- **使其保持不间断（对解决方案持久性的承诺）：** 此类承诺可确保在持续的基础上使用和利用解决方案（无论可能是什么）。它确保了团队不会再回到旧的工作方式，从而无意中导致问题重新出现。

如何做

规划定期沟通，如前一节所述的，绝对是非常关键的。这将有助于我们确保利益相关者对我们试图解决的问题有一个明确和统一的看法。然而，我们向他们寻求承诺也很重要。

在问题解决计划开始时，我们可能会要求利益相关者预留一定的时间，以便我们能够确保他们能够积极地参与我们的分析。一旦选择了解决方案，就有必要制定一个明确的里程碑计划，显示谁负责什么，并明确地询问人们是否能够承诺采取必要的行动。框架讨论的一个工具是RACI 矩阵。下面举例说明：

任务	马特 S	贝基 C	史蒂夫 D	比安卡 D	卡莉 T
咨询客户服务团队	A	R	C	C	C
测量未销售的数量以验证所选择的解决方案	I	I		R/A	
记录新流程	I	I	R/A		C
测试新流程	A	I	I	R	C

对于每个任务，RACI 矩阵显示谁是：

R	负责	负责具体地做这个任务的人
A	当责	对正在施行的任务承担责任的人，将定义应采取的范围和质量等级的人（例如高级经理或发起人）
C	咨询	当任务进行时应向其咨询意见的个人
I	知会	应该被告知任务结果的个人（通常是一旦完成后）

　　这确保了会有明确的问责制和责任制，并确保任务不会落入空白地带。特别是，如果没有"R"承接一项任务，则意味着没有人对它负责——所以它实际不会发生！它还可以确保我们能够与每个利益相关者进行对话，并确保他们愿意且能够承担分配给他们的任务。获得这种承诺将尤其有用。

　　除了 RACI 图表之外，确保变革不间断也很有用——这需要持续的专门知识和投入，而这在第 7 章中将进一步讨论。

反思

- 成效如何?

（空白框）

- 下次我会怎么做?

（空白框）

6.5 计划下一步

为什么

问题画布为探索和商定潜在解决方案提供了共享空间。然而，要想让解决问题的努力取得成功，我们需要继续前进并实施解决方案。至关重要的是，我们对将要采取的下一步具体措施有一个明确的想法。

知识简介

问题画布的一个有用的伴随物是里程碑计划或日程表。它应该要展示能支撑下一步骤所需的关键活动和可交付结果。这些很可能是对前一节所得到的 RACI 矩阵的补充和反馈。

一个好的日程表将显示：

- 每个任务工作量／工期的估计

- 关键活动

- 关键里程碑和可交付结果

- 所需人员和资源的类型

- 附加项

如何做

用头脑风暴的方式集体讨论所需的下一项任务，并将每个都写在便利贴上。将这些便利贴按一定顺序排列，并考虑它们之间的依赖关系。某些任务可能需要其他任务先完成，而提前规划好很重要。通常这种头脑风暴最好在一个组里进行——而且经常需要几轮迭代来改进计划。这很可能是从高层级开始，但随着时间的推移，会深入研究更多细节。

继续以前面提到的邮购零售商为例，我们可能会建议一个解决方案，其中包括实施优化网页显示的方案。关于下一步的步骤，我们可以得出的结论是：

1. 引出并记录我们对增强型网站的要求。

2. 邀请三个可能的供应商。

3. 获得三个报价。

4. 对每个供应商进行比较和排名。

5. 决定最优的供应商。

6. 合同谈判。

7. 签订合同并批准工作。

8. 监督工作。

9. 测试网站。

10. 工作完成后签字验收。

当我们与利益相关者讨论这个计划时，我们很可能会发现更多的细节和更精细的任务——但这是一个实际的出发点。在每个阶段，都值得思考可交付的结果将是什么——即任务将创建或修改的是什么？指定具体的可交付结果有助于使计划清晰明了，并确保期望一致。

我们可以选择创建一个甘特图（以在 20 世纪早期开发了该技术的亨利·甘特命名）。甘特图清楚地显示了任务、预期工期、附加项和里程碑 / 可交付结果——下面的表中有一个示例。

正如您从上面的示例中看到的，以及显示的活动那样，甘特图还显示所需资源的类型和数量，并可用于跟踪和沟通进度。上面的甘特图被简化了，并显示了右侧图中的周数——对于更精细的任务，以天显示花费的时间是很有用的。

应该指出的是，如果你是与专门的项目经理一起工作，他们将能够引领上述活动，而在更大的主动性工作方面，他们将能够额外带来有用的项目管理方法和工作纪律。

编号	任务	负责	努力	工期	开始	结束
T1	引出并记录我们关于优化网站的要求	JS	10	18	01-Nov	28-Nov
T2	邀请三个可能的供应商	JS	1	10	15-Nov	28-Nov
T3	供应商给出评估 / 建议	Suppliers	n/a	10	29-Nov	12-Dec
T4	在评估 / 建议生命周期中提供支持	JS	2	0	29-Nov	12-Dec
T5	从供应商收到 3 个报价单	JS	0.5	0	13-Dec	13-Dec
T6	对每个供应商进行比较和排序	JS, SD, BD	5	10	13-Dec	26-Dec
T7	节假日时间：屏除	All		11	22-Dec	02-Jan
T8	决定最终的供应商	JS, SD, BD	1	0	03-Jan	03-Jan
T9	合同谈判	IM	3	15	03-Jan	23-Jan
T10	签订合同并批准工作	SD	0.25	10	24-Jan	24-Jan
T11	交货时间	n/a	n/a	10	24-Jan	06-Feb
T12	监督工作	JS, BD	9.75	39	07-Feb	02-Apr
T13	测试网站	JS, BD	15	10	03-Apr	16-Apr
T14	Bug 修复和释放	Supplier	n/a	10	17-Apr	30-Apr
T15	工作完成签字验收	JS	05	0	01-May	01-May

并排图日期刻度：01-Nov, 08-Nov, 15-Nov, 22-Nov, 29-Nov, 06-Dec, 13-Dec, 20-Dec, 27-Dec, 03-Jan, 10-Jan, 17-Jan, 24-Jan, 31-Jan, 07-Feb, 14-Feb, 21-Feb, 28-Feb, 06-Mar, 13-Mar, 20-Mar, 27-Mar, 03-Apr, 10-Apr, 17-Apr, 24-Apr, 01-May, 08-May

反思

• 成效如何？

• 下次我会怎么做？

6.6 当心风险

为什么

然而，我们决定解决一个问题，很可能会有一些固有的风险。如果这些风险出现，他们不仅会破坏我们的问题解决计划，还可能会对我们的团队甚至整个业务产生负面影响。在我们率先实施解决方案之前，我们需要花些时间来鉴别和理解这些风险，并思考我们可能采取什么行动来迎合他们。

资料来源：GunnarPippel/Shutterstock

知识简介

风险可以定义为：

"不确定性对变革、解决方案或企业价值的影响。"

（业务分析国际研究所 (IIBA)，2015）

在捕获潜在风险时，考虑风险事件及其后果是很有用的。例如，一个风险事件可能是"我们已经可以预测：客户不接受我们新的在线下单系统的速度"。其后果可能是"我们没能像我们所希望的那样节省了那么多的行政费用。"

还值得思考的是，风险会发生的可能性，及其发生后造成的影响。显然，在对极可能发生的风险的担忧上将花费更多时间，而在不大可能发生 / 影响力低的风险上时间花费要少。

对于每个风险，我们应该思索一个风险修正策略。我们可以考虑的修正策略类型包括：

- **避免：**变更方向以使风险不再适用。
- **缓解：**如果发生风险，采取措施减轻影响。
- **转移：**转移风险，投保或将风险外包给另一方。
- **接受：**不采取具体行动（通常与极低的概率和低影响力的风险

有关）。

为了说明不同的风险修正策略，让我们想象我们即将乘汽车旅行，但我们担心会有发生车祸的风险。我们可以决定不坐汽车而乘火车以避免风险——但是这样做的话，我们就引入了另一套风险。我们可以通过确保汽车有安全带、安全气囊和其他安全功能来降低风险。这不会阻止一场事故的发生，但会减少影响。我们也可能通过为汽车投保的方式来转移一些风险——这样的话，对其他财产造成的任何损害都由保险公司承担。当然，我们可以简单地选择接受风险，在没有任何风险修正策略的情况下上车。

如何做

与利益相关者协作，创建潜在风险列表。捕获这些风险，以便能够积极地管理它们。考虑每种风险的概率、影响及其修正策略。下表中显示了一个可能的模板。

该模板包括以下部分：

1. **ID：** 唯一标识风险的编号。

2. **风险事件：** 风险事件本身的描述。

3. **后果：** 如果风险发生会是什么情况？

4. **概率：** 风险发生的可能性（分值可能是 1-10）。

5. **影响：** 如果风险发生，其所造成的影响程度（分值可能是 1-10)。

6. **风险评分：** 风险总分——通常由风险评分和影响相乘，但也可能使用更复杂的评分机制。

7. **风险修正：** 是否避免、减轻、转移或接受风险——以及必要的具体行动。

ID#	风险事件	后果	概率	影响	风险评分	风险修正	所有者	剩余风险
R01	我们最大的客户无法与建议的在线系统集成	我们失去了订单，所以收入（和利润）下降	低 2	高 8	中等 16	避免：与顶级客户紧密合作，确保集成运行	约翰·史密斯	低

风险登记实例。格式来自业务分析国际研究所 (IIBA)，2015。《企业知识分析体系指南》(V3)。多伦多：IIBA

8. **所有者：**对风险负责的人，并确保采取任何修正行动。

9. **剩余风险**：如果采取了风险修正行动，还会有什么水平的风险？

风险登记册确保每个人对潜在风险和陷阱有一个共识。这种情况应当定期复查，一旦发现新的风险就要立即加上去。某些人——也许是项目经理——应负责更新，并确保采取相关的风险修正行动。这一有用的行动将有助于将风险发生的可能性降到最小，而这种风险会扼杀我们的进展！

反思

- 成效如何？

- 下次我会怎么做？

参考文献

International Institute of Business Analysis (IIBA), 2015. *A Guide to the Business Analysis Body of Knowledge® (BABOK® Guide)*, v3. Toronto: IIBA.

6.7 问题画布：一个良好的开端（但"硬骨头"还没来）

为什么

创建问题画布为我们提供了一种简明准确地定义和讨论问题的方法。然而，我们和我们的利益相关者必须认识到，这只是问题解决过程的开始。这将非常容易陷入"分析瘫痪"的循环——不断精炼和抛光问题画布——但在这样做的时候，我们会偏离实际解决问题的真正目标！

因此，重要的是，我们要认识到问题画布何时已经"足够好"，并在这个时候开始推动具体行动和所需要的下一步（这个我们在 6.5 节讨论了定义）。

资料来源：Michael D. Brown//Shutterstock

知识简介

支撑问题画布的努力和分析水平将取决于问题的大小以及与之相关的风险。显然，一个相当简单和不具争议性的问题可能只需要几个简单的对话和一个粗略的问题陈述来达成协议。同样，如果预期的解决问题的努力是非常低的，那么花过多的时间思考这个问题将是不相称的。然而，当问题特别大、复杂、混乱或者有危险时，就需要花费更多的精力去理解和分析情况。

如何做

当考虑在完善问题画布的问题分析上花多少精力和时间（以及将画布"打磨"到何种程度）时，需要考虑：

1. 在实施解决方案上需要付出多少努力？如果是低付出和低风险，那么不要花过多的时间"打磨"画布。

2. 与解决方案相关的风险有哪些？如果有很多，或者有关键／高影响的风险，那么进行更多预先风险分析可能是明智的。

3. 考虑组织的文化。它需要什么样的管理水平？有些组织需要在采取行动之前充分完成和记录分析——而在其他组织里，更轻量级的方法可能才是适合的。

4. 考虑到问题的紧迫性。快速做某事、衡量结果、学习和调整是否有好处？还是等到有了更明确的把握再做决定更好。

5. 机会成本是什么？如果我们实施解决问题的行动，我们还能做些什么？我们要放弃什么？

6. 利益相关者和主要参与者是否参与了所需的行动？

7. 大家是否愿意并能够采取下一步行动？

这些问题将帮助您评估问题画布是否已准备就绪。如果是，我们就必须向前迈进，执行必要的行动，真正解决这个问题。这往往是一个共同的努力，如果有很多人参与，要确保有人担纲"项目经理"，这会是非常有用的。项目经理将确保"对的人"在"对的时间"做"对的事"，并确保问题解决计划始终在正轨上。

反思

- 成效如何？

- 下次我会怎么做？

第 **7** 章

确保问题得以解决：实施，衡量成功并展开

7.1 问题画布完成后会发生什么?

即使你是在规模最小、最稳定的组织工作,也有可能是要同时推进一些问题解决计划。当资源匮乏时,就有必要确定首先要解决哪些问题,哪些解决方案应当非常紧急地实施。

考虑到多个问题,我们可以创建多个问题画布。这使我们能够对每个问题进行优先级排序,并决定首先解决哪些问题。这也使我们能够考虑问题解决计划之间的依存关系,例如,有些问题可能需要先行解决,然后其他问题才能得以解决。

资料来源: rnl/Shutterstock

这样做

　　鼓励正在研究问题解决计划的其他人为他们的项目创建问题画布。创造一个环境，在这里可以对问题画布进行比较和优先级排序——本章的其余部分将提供一些提示和技巧来实现这一点。

7.2 比较和排列问题

　　正如上一节所述，很可能会有许多问题在争夺我们的注意力。与其试图解决每一个问题，分散我们的注意力，不如好好比较我们将关注的问题来得重要。有意识地思考如何确保每一个画布的优先级顺序正确地排列并使其与组织的总体战略方向一致，将是非常有价值的。

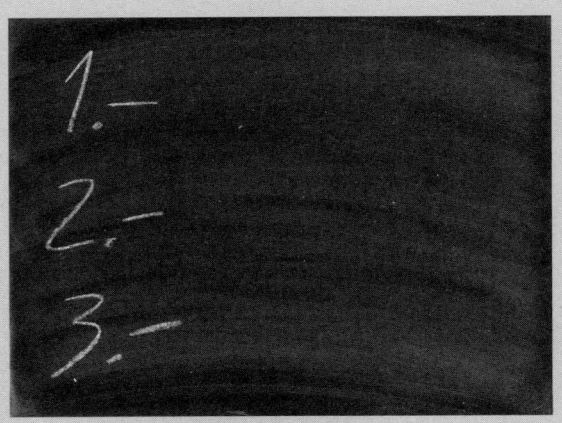

资料来源：pedrosala/Shutterstock

这样做

　　举行一个复审 / 讨论问题画布的论坛。创建一套决策标准，以帮助团队决定哪些问题值得关注。

7.3 激励行动：保持实施解决方案的势头

非常小的问题解决计划可能只需要几个小时的工作来定义和解决。大规模的计划可能需要大量的时间、投资和资源。业务分析人员和项目经理对问题解决计划的成功至关重要。到目前为止，本书中讨论的很多内容都属于业务分析的更广泛的学科——如果你一直在关注，那么你可能在不知不觉中承担了一系列的业务分析人员的工作任务！重要的是要承认，这将是一个持续性的角色，而接下来还会有更多的分析工作。除了业务分析工作，在更大的问题解决计划中，分配项目经理是很有用的。这两个角色将携手并进，以确保"对的事情"以"对的方式"完成。

资料来源：mypokcik/Shutterstock

这样做

确保有人明确地承担起问题解决计划中持续性的业务分析责任，以及持续性的项目管理工作。确保在任何可能的情况下其工作都具有连续性。与项目经理合作，根据此前创建的计划进行构建，并考虑举办一次动员会，以激励那些需要参与实施所选解决方案的人们的行动。

7.4 准备好衡量成功

问题解决计划是为了创造某种效益而进行的。一旦我们已经实施了一个解决方案，我们就必须测量已经累积哪些效益。如果预期的效益尚未实现，我们可能会发现进一步的改良（或渐进式改善）将引导进一步的效益被释放。

能够评估这些效益的前提是我们在执行变革之前已经测量了基线。此外，我们可能需要建立系统或过程来定期捕获所需的数据，以执行正在进行的测量。这最好是在我们的解决方案实施的那一刻起就开始建立。

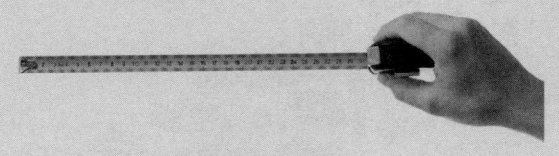

资料来源：Andrey_Kuzmin/Shutterstock

这样做

在 KPls 上建立，以确保特定的指标和目标被设置为衡量基线，并且一旦实施了变革，就要确保有定期的测量，以跟踪进度。

7.5 密切关注，确保问题不复发

规划和实施变革需要付出巨大的努力——但是，让变革持久地发挥作用将更加棘手。如果我们花时间和金钱来实施解决方案，但关键的利益相关者在几个星期（或几个月）内就放弃了该方案，那这就只是一个我们自己的目标了。

为了避免这种情况发生，我们必须将变革融入其中、变成"我们在这里的行事方式"的一部分。这涉及与受影响的利益相关者群体的清晰和定期的沟通，以及变革实施后的定期支持和监控。重要的是我们不能实施变革而后又无视走开。

资料来源：Syda Productions /Shutterstock

这样做

确保有明确的沟通和接洽计划，并在实施变革后提供相关支持。定期监控以寻求进一步改进的机会，并确保解决方案充分嵌入、融合。

7.6 寻求进一步调整和展开的机会

解决问题不必是一次性的活动，一旦我们实施了解决方案，就会有足够的机会进行渐进式改善。我们可能会假设，某种解决方案将是有效的，但在我们尝试它之前，我们都不能十分确定。因此，我们必须定期测量和检查已累积的收益，并在必要时调整或更改解决方案。为了做到这一点，定期访问受影响的业务领域并亲眼看一看解决方案是非常有用的——我们可以与（和鼓励）那些每天都能提出增量变化的人一起来工作，并授权他们执行这些操作。

资料来源：push-to-grave/Shutterstock

这样做

　　确保定期进行测量，以确保解决方案有效地运行，并且获得了预期的收益。积极寻找改进的方法，并鼓励其他人也这样做。

7.7 嵌入持续改进的实践

　　正如上一节所提到的，解决问题通常是一个持续性的过程，不仅要嵌入变革，而且还要鼓励在所有相关过程中有持续性的改进。这可能发于细微处，也许会有一个建议方案。对于每一个小问题，画布可能会提供一组有用的问题——虽然如果有文件产生，它实际上可能是非常轻量级的。对于小规模问题，我们可以鼓励人们进行控制实验，看看增量干预是如何起作用的。

　　所有这些都要依赖于我们和我们的利益相关者感到有权提出建议和强调问题。问题解决计划是开始将这种风气嵌入业务领域的一种有用的方式。

资料来源：Gines Valera Marin/Shutterstock

这样做

在研究问题解决计划时，要思考目前参与的团队是否评估他们的工作实践以寻求定期改进。如果没有，请考虑这是否是一个鼓励采用这些过程的机会。

7.1 问题画布完成后会发生什么？

为什么？

如前一章所述，编写问题画布是一个极其有价值的出发点，但通常还有很多重要的工作要做。特别是，在任何时候都可能会有多个问题和机会正在被审查，而思考重心必须优先放在最重要的部分。此外，一旦实施了任何一种解决方案，监测成功将是有益的，这样我们就可以确保我们能够最大限度地获得效益。本章将致力于确保我们是选择了正确的问题在加以解决，并确保他们一直是处于被解决了的状态！

知识简介

在每个组织里，资源都是有限的，不可能每一个好的想法都被采纳或是能解决每一个问题。某些问题和潜在的解决方案可能会被认为还没有大到要花费宝贵的时间和资源进行进一步调查，而某些潜在的解决方案可能与该组织的总体战略不一致。为每个问题创建一个问题画布，以使能早点对问题进行优先级排序。这能确保将精力集中于解决那些能获得最大收益的问题和解决方案上。可以想象一下这四个不同的活动系列：

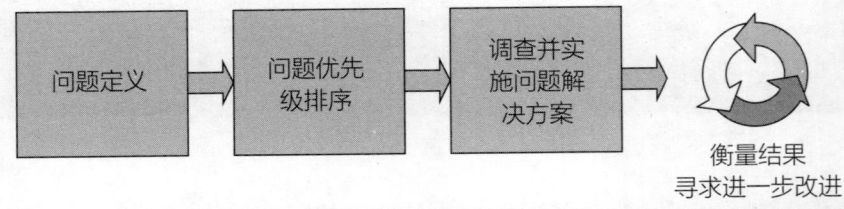

- 问题（和结果）定义：这涉及定义问题和期望的结果。问题画布是一个非常有价值的起点，可以在上面迭代地构建。

- 问题优先级排序：优先级排序涉及确定应解决哪一个问题或哪些问题，哪些是最紧急的。这可能是基于包括成本、收益、风险等在内的一系列标准。

- 调查并实施问题解决方案：一旦承诺解决某个特定问题，就会开始实际实施解决方案。这可能涉及进一步详细调查和说明解决方案，并且可能需要额外的业务分析专门知识。

- 衡量结果并寻求进一步改进：在实施解决方案之后，衡量成功非常关键。可能还有其他改进的机会。

根据组织背景、问题的紧迫性和性质（和紧迫性），在每项任务的形式上和所花时间上将有所不同。在需要更多形式的情况下，可以使用更正式的项目和系统开发生命周期——在参考文献和延伸阅读部分可以找到有用的资源。

如何做

1. 确保对问题进行比较、对比和优先级排序（参见 7.2 节）。

2. 接洽并激发那些需要采取行动的人（参见 7.3 节）。

3. 收集数据并衡量成功程度（参见 7.4 节）。

4. 监视性能数据以确保问题不会再次出现（参见 7.5 节）。

5. 寻找机会作进一步调整（参见 7.6 节）。

6. 授权人们进行小的增量变更，同时将重点铭记于心（请参见 7.7 节）。

反思

· 成效如何？

· 下次我会怎么做？

7.2 比较和排列问题

为什么

在一个组织的生态系统中，经常会出现各种各样的问题和机会，它们都在争夺我们的注意力。

组织拥有的资源很可能是有限的，尽管每一个问题陈述在孤立地来看待时都显得很重要，但重要的是要挑选最重要或最有利于组织的关键举措。

后退一步，从整体上看我们问题解决计划也是至关重要的，我们要确保我们正在实施的解决方案与组织的整体战略是一致和兼容的。同时也可以考虑我们在问题解决计划中可能采取的任何行动的影响。

资料来源：Nelson Marques /Shutterstock

知识简介

我们所实施的每个解决方案和我们所做的每项更改，都将成为更大的业务系统的一部分。在考虑要解决哪些问题以及实施哪些解决方案时，我们必须整体思考，考虑大局。2.1 节中讨论的四视图模型可以是有用的，因为它鼓励我们思考人员、过程、组织和信息技术。

当问题解决时，我们应该小心，不要把问题转移到别处（到另一个毫无防备的团队或部门）。在本书中我们多次提到的邮购零售商案例中，租一个更大的仓库并不能解决问题（缺货商品太多），如果这意味着会引发另一个问题（难以维持的固定成本）。因此，我们必须优先考虑我们的问题画布组合，考察战略协调、成本、收益和连锁反应。

如何做

1. 举行一个审阅 / 讨论问题画布的论坛：创造可讨论和审阅问题画布的空间。这可能是一个定期（但简短）的会议，或一个在线讨论论坛，在其中可以寻求有关利益相关者的意见。来自本组织不同领域的关键决策者和专家应当被邀请进来，他们将有益的、前沿的观点。

2. 决定如何决定：创建一组决策标准，以帮助论坛决定要解决哪些问题，而哪些应推迟或搁置。标准可能包括考虑成本、收益风险和其他相关因素。

3. 确保战略协调：在将问题画布带到论坛之前，问题所有者应确保建议的解决方案与组织现有的策略一致。这包括确保与广泛的市场战略以及任何内部体系结构或技术战略相一致。例如，如果组织的战略明确瞄准的是威望市场，那么建议推出一个"低成本、低服务"的建议将会是不协调的。当然，如果解决方案相当具有说服力，那么这可能是重新审视该组织战略的一个提示——但这应该分开考虑。

4. 优先顺序：问题画布应按优先级排序，最有价值 / 最紧迫的应当给予优先权。当按优先级排序时，值得考虑对你的组织来说什么是最重要的。可以考虑的众多角度包括：

- 有形的商业利益：哪种选择将产生最大（或最快）的回报，以财务或其他可计量的项目来衡量。比如："销售额增加 5%，导致 1 年内产生额外收入 10 万英镑"。

- 无形的商业利益：与每个选项关联的不可量化（或不可预测）的回报。比如："在我们的客户群中提高品牌知名度"。

- 风险：每个选项分别有多少风险，以及我们愿意承担多少风险？

- 客户福利：哪些方案选项最能被客户感知？

- 紧急情况：哪一个最紧急或时效性最强？比如：在圣诞节前，为零售公司解决关键问题。

- 业务环境：哪个选项与外部商业环境最契合，如 STEEPLE 分析中所探讨的那样。可能有一些变化——例如监管的变化——必须要考虑进来。

5. 一致性：最后，需要确保所选的画布之间存在一致性。问题解决计划必须相辅相成，不要相互冲突或抵触。

通常，优先级排序工作将涉及讨论、辩论、进一步分析和妥协。确保在这个过程中听到有关的声音是重要的，并且这将确保该组织追求的是能给他们最好回报的解决方案。

反思

- 成效如何？

- 下次我会怎么做？

7.3 激励行动：保持实施解决方案的势头

为什么

问题解决计划有各种外形和规模。较小的问题可能仅仅需要几个小时的努力就可以解决了——但是我们在今天的业务中面临的更大的、更棘手的问题可能要花费数周或几个月的时间来实现。在某些情况下，我们可能需要实施实验性的解决方案，看看它们是否能奏效，然后基于我们的学习对它们进行整改和调整。

所有这些都需要在一段时间内聚精会神地努力付出。在 6.4 节中，我们谈到了争取那些需要采取行动的人的承诺。一个持续的挑战是确保所有参与的人都保持在正轨上，并始终对最终目标保持专注。特别是问题解决计划，这可能是个问题。聘请一些专家来帮助我们是很有用的。

资料来源：volk6/Shutterstock

知识简介

在更大的问题解决计划中，您将会希望能确保这两个角色一直不变——业务分析人员和项目经理。本书中提到的任务、工具和技术很大程度上属于更广泛的商业分析学科——因此，如果你遵循了本书中建议的步骤，你已（也许不知不觉地）执行起了业务分析角色的工作！

业务分析国际研究所将业务分析定义为：

"通过定义需求和为利益相关者推荐能传递价值的解决方案，在企业环境中实现变革的实践。"

（业务分析国际研究所 (IIBA)，2015）

在《商业分析（第三版）》中，保罗描述的作用是：

"一个咨询角色，负责调查和分析业务情况，确定和评估改进业务系统的备选方案，拟订和确定需求，并确保有效地执行和使用符合业务需求的信息系统。"

（保罗、卡德尔和耶茨，2014）

大型组织有专门的业务分析人员来帮手，这是正常的做法——在许多组织中，也有一些人在履行类似或相同的角色（尽管他们可能没有这个职位头衔）。重要的是要确保有人在履行这个角色的工作，并且此人具有相关的技能，并被赋予了相关的自主权和范围。

另一个关键的角色是项目经理。项目管理协会将"项目管理"定义为：

"项目管理是运用过程、方法、知识、技能和经验来实现项目目标的过程。"

（项目管理协会 (APM)，北达科他州）

马丁·巴恩斯博士 (APM 2003-2012 主席) 指出：

"最基本的是，项目管理是关于人们完成事情的活动。"

(APM，北达科他州)

项目经理和业务分析人员将密切合作，确保计划的成功，并定期更新。

如何做

1．确保一直都有一个主导的业务分析人员： 正如上文所述，本书中讨论的许多问题分析都属于更广泛的业务分析学科。随着问题解决计划的不断推进，必须持续地存在能够分析的情况，并确保解决方案能满足您需求的人。业务分析员的角色在问题解决计划形成之前很久就开始有了，并在问题确定之后很长时间还在发挥作用。确保提供持续和充分的分析支持。

2．分配项目经理： 有一个负责管理解决方案实施的人员是很有用的。他们将与业务分析人员一起工作，以确保方案成功交付。业务分析人员将确保"对的事"情已经完成——而项目经理将确保它以"对的方式"完成。这是两个有微妙的不同，但又完全互补的角色。

3．根据计划进行构建： 好的项目经理将会与团队一起制定项目时间表，显示所要求的任务和依赖关系。这将建立并增强我们在 6.4 和 6.5 节中讨论的甘特图和 RACI 矩阵。

4．举行一个"动员会"： 让相关人员汇聚一堂，批判、认可更新和更详细的计划，这将有助于建立更多的承诺。这也将是重新审视和讨论潜在风险或假设的绝佳机会。使用"动员会"来展示问题画布，并确保人们对正在实现的目标有着全神贯注的关注。业务分析人员是促成此会议的最佳人者。

5．执行计划： 随着实施工作的继续，确保项目经理对已进行的活动、已取得的进展以及已创建的可交付成果负责。然而，正如 AlfredKorzybski 曾评论说："地图不是领土"。

就像如果我们面前的地形出乎意料地有洪水泛滥成灾，我们就不会盲目地跟随地图那样，如果我们发现了意料之外的问题或事情，则我们就不应该再按照计划行事。计划应适用于特定范围，而我们应保持警惕，防止任何意想不到的惊悚。

6. 获取定期反馈：确保定期从参与变革的人员那里获得"体温检查"结果。他们觉得自己取得了足够的进步吗？是否有任何阻滞？他们是否仍然"在场"并且仍然愿意和能够提供帮助？如果他们在日常工作中很忙，这可能会影响到他们帮助我们实施计划的能力，这是我们应该牢记的。

7. 交流进度：确保定期进行沟通，使人们感受到挑战和成功。确保以适当的方式与受众共享这些信息——在某些情况下，简短的站立会议可能是适当的，另一些则是更正式的会议。一些利益相关者可能只是简单地需要定期电子邮件通知即可（接下来是偶尔的电话沟通，以检查一切是否明确）。确保沟通符合观众的需要。

反思

- 成效如何？

- 下次我会怎么做？

参考文献

Association for Project Management (APM), n.d. *What is Project Management*? Available at: https://www.apm.org.uk/WhatIsPM

International Institute of Business Analysis (IIBA), 2015. *A Guide to the Business Analysis Body of Knowledge®* (*BABOK® Guide*), v3. Toronto: IIBA.

Paul, Cadle, J. and Yeates, D. (eds), 2014. *Business Analysis*. Third Edition. Swindon: BCS.

7.4 准备好衡量成功

为什么

解决问题的总体要点是创造某种收益。因此，一旦实施了解决方案，假设我们已经很好地解决了问题，则应开始 积累收益。在实施解决方案之前，我们将预测问题画布可能带来的好处，而对于更大规模的计划，我们可能已经进行了进一步的分析，并创建了正式的业务案例文档。

这是关键的一步，但确实可以说，这只会是可能的收益的近似值。重要的是我们要衡量我们的实际成功水平。

知识简介

衡量问题解决计划的成功确保了：

* 实现了目标，取得了想要的结果。

* 已实现预期的收益。

在某些情况下，我们可能会发现，预期的收益尚未实现，或想要的结果尚未得到满足。这可能是出于多种原因——也许我们周围商业环境在发生了变化。竞争对手可能已经推出了新产品，或者可能已经转移了战略，并开始瞄准我们的客户。或许还有其他内部的复杂性——我们最终打开了碰到了棘手的问题，虽然我们能够实现一些收益，但也许成本比我们预期的要高。

了解实现（或尚未实现）的好处以及所产生的费用，有助于我们下一次更准确地估计。它还可以帮助我们确定调整或展开的机会，这可能有助于我们实现进一步的利益。

如何做

下图显示了确保我们能够衡量成功的方法。

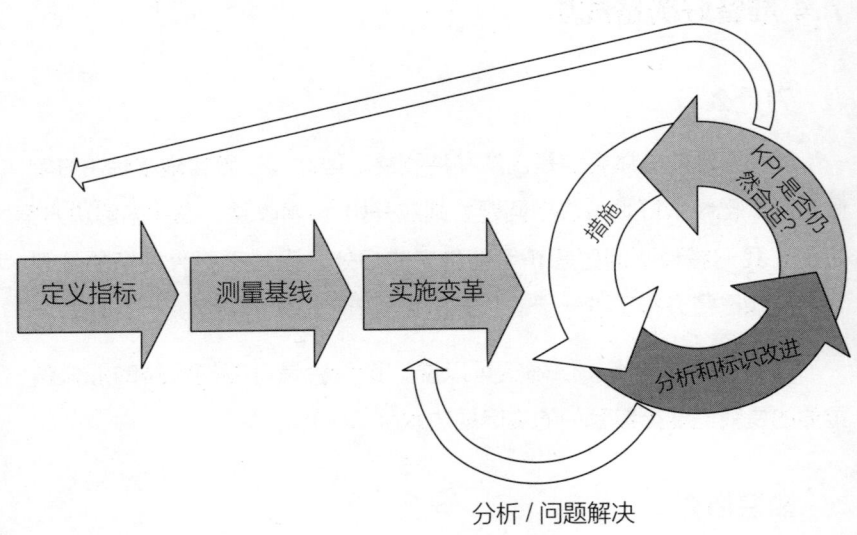

分析 / 问题解决

1. 定义指标（并确保建立机制以衡量这些指标）： 确保能准确衡量收益的关键是要清楚地定义如何进行测量。例如，如果一个问题解决计划旨在加快发货过程，那么必须确保对发货过程的开始和结束位置有个清晰的看法就会非常重要。我们是计算从客户下单到他们收到货品的这个时间吗？还是从仓库收到订单到货品装载到车上的时间？无论哪种衡量标准都有利弊，但定下其中一个是很重要的。

2. 测量基线： 在变革进行之前，确保数据的准确基线也是至关重要的。根据上面提到的例子，在实施任何解决方案之前，对发货所花的时间进行平均测量是很重要的。如果此基线数据不存在，则无法确定是否已获得了改进！

3. 实施变革： 在制定和实施我们的解决方案时，应要想到需要确保定期收集相关的性能数据。如果自动收集发货时间，则可以定期对其进行查询和报告。这使得我们的收益评估更加容易。这可能涉及将数据收集步骤添加到过程中，或确保自动系统测量、抓取和存储相关的指标以供日后检索。

4. 衡量和确定进一步改进和思考 KPIs 的机会： 根据预期收益的性质，我们可以设置某种类型的"仪表板"，以便我们能够定期跟踪进度——如果我们需要进一步的信息，则可以通过它深入"钻取"数据。下面的表中展示了一个案例。

在这个案例中，任何超过——或低于——某种水平的数据都可以被突出显示出来以供进一步考虑——平均发货时间显示偏离了正轨，因此可能需要进一步调查。可能需要进行进一步的更改或调整才能使其回到正轨。同样，在性能超标的时候也可以吸取经验教训。

以这种方式突出进展使我们能够寻找可能存在进一步改善的机会的领域。定期思考和验证正在收集的 KPIs 以及目标设置是否仍然合适，也会是很有用的。如果组织的环境或战略发生了变化，那么可能需要重新审视事物的衡量方式。这将涉及重设基线，并可能涉及在现有系统和进程中实施新的数据收集工作。

KPI	以前的基线（平均值）	1月（预测）	1月（实际）	相差	2月（预测）	2月（实际）	相差
平均应答速度（电话呼叫）	1.5分钟	1分钟	47秒	−13秒	45秒	30秒	−15秒
平均发货时间	75小时	24小时	25小时	+1小时	22小时	22小时	−
销售额（收入）/月份	123K英镑	150K英镑	155K英镑	+5K英镑	160K英镑	161K英镑	+1K英镑

反思

• 成效如何？

• 下次我会怎么做？

7.5 密切关注，确保问题不复发

为什么

成功地"解决"了一个问题之后，我们很容易就此走开，并认为我们的工作完成了。然而，一旦我们的注意力减弱，就会有一个危险，即这个问题将会再次出现。我们必须继续监控有关情况，并留意警告讯号。

知识简介

在《领先的变革》中，约翰·科特描述了过早宣布成功是导致组织内部改革失败的一个重要原因。他描述了改革是如何在组织内部"沉沦"的。他指出：

资料来源：Lord and Leverett/Pearson Education Ltd.

"除非变革深深沉浸到文化中……否则新的方法都是脆弱的，自带回归属性。"

（科特，1996)

我们可能都看到过这样的情况发生在我们自己的组织中。想法提出来后，解决方案得到实施，但他们不坚持。随着时间的推移，人们慢慢地恢复到做事的"老方法"，任何可能的收益都没有了。

发生这样的事情，原因有很多。有时可能是该解决方案不是非常明确，或者可能是问题没有被完全理解。其他时候，可能是人们对变革有消极的抵制。有时，它可能是变革没有被强化——在实施以后便没有了支持，因此变革失败了。

因此，我们不仅要考虑如何沟通变革，而且要知道如何支持和维持变革，这很重要。

如何做

1. 参考（并实行）您的通信和接洽计划： 6.3 节讨论了沟通计划的观点。制定沟通计划的行为会是有用的——但如果它只是束之高阁，它的价值就会严重下降！确保团队在问题解决计划中积极地复查、更新和执行沟通计划。当您更接近实施变革时，沟通工作很可能就会变得更加重要。

2. 实施后保持沟通： 变革已实现后，保持沟通渠道的开放通畅仍然是至关重要的。听取那些工作已经发生改变的人的意见非常重要，并要将可能需要的任何进一步的变化或调整考虑进来。保持沟通渠道的开放也确保了我们可以强化变革。我们可以提醒人们任何重要的细微差别和微妙之处。

3. 定期监控： 如前一节所述，跟踪进度至关重要。定期监控和传达这些指标也将有助于确定变革是否"卡壳"、有任何阻滞。如果指标或 KPIs 开始"迂回"到了以前的基准，这可能是人们回到了旧方法的信号。这是一个调查、讨论和理解原因的机会。通过及早发现，我们有机会让人们再次"上岸"。

反思

- 成效如何？

- 下次我会怎么做？

参考文献

Kotter, J., 1996. *Leading Change.* Boston: Harvard Business Press.

7.6 寻求进一步调整和展开的机会

为什么

解决问题通常不是"一次性"的活动。当我们实施一个解决方案时，我们是解决了在特定时间点存在的问题。然而，随着时间的推移——我们周遭的业务环境在生变，新技术出现，外部法规有变等。我们可能会发现，一个曾经运行完美的解决方案现在需要调整。或者，通过我们的监控活动，我们可能会发现能使事情更好运行的可能性（这将使我们能够实现进一步的收益）。

还必须提到的是，在解决方案投入使用之前，我们永远不会真正知道它将会怎样运行。我们可能会推理，例如一个全新的网站将使购买过程更简单容易，人们的购买频率会提高。在实施之前，我们可能会"测试"这个想法，并与客户焦点小组合作，了解他们的想法和需求。然而，一直到我们推出这个网站之前，我们都不能十分确定它是否真的会有预期的效果，也不能确定它将会带来额外的销量。因此，建立进一步的监控、调整和展开的能力至关重要。

知识简介

"展开"的观点被作者普及，如埃里克·莱斯。在《精益创业》中，莱斯将其描述为：

"…… 结构化课程修正，旨在测试一个关于产品、策略和增长引擎的新的基本原理。"

（莱斯，2011）

　　在这背景下，莱斯指的是更高层次的战略、决策和问题解决——也许是是否在新市场上推出新产品，如果推出的话，该产品应该是什么样子。然而，事实仍然是，即使在小而重要的问题解决计划上，我们仍然是假设我们首选的解决办法会是有效的。我们提前进行分析以验证这一点，但仍然存在一个风险元素——一个未知元素。我们可以认为我们选定的解决方案是一个有关收益的假设——我们相信它是有益的，我们已经预测了潜在的数字，但直到交付之前，我们都不能肯定地测试它。

　　展开使我们能够做出或大或小的修正，使我们能够保持正确的航向。它涉及关注我们希望实现的核心利益。

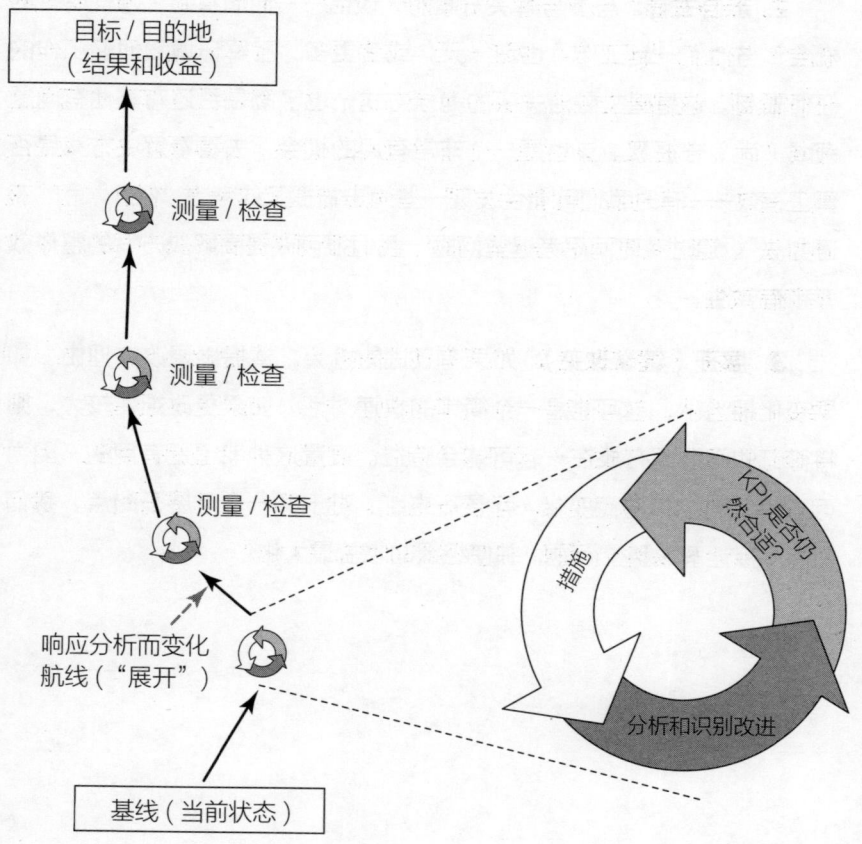

如何做

1. 查看数据： 正如我们在 7.5 节中所描述的那样，一旦它到位，就必须定期监视所选解决方案的表现。找时间查看数据并发现任何异常。这涉及性能不佳和性能优异这两种调查。如果性能增加，即使是暂时的，知道原因也很有用。因为也许有机会让这成为新的常态！如果性能一直比我们需要的要好，那么可能是分配的资源太多，而这些资源可以在别处更好地利用。同样重要的是要思考 KPI 和目标是否仍然相关且合适——如果没有，这也可能需要重新审视。测量、识别改进和检查的三阶段法，以及检查相关的 KPIs 是否仍然合适的方法，在这里会有所帮助。

2. 亲自去看： 与参与解决方案的人谈话——他们看到了哪些改善的机会？与他们一起工作，也许一天，或者更多，了解环境和他们工作的任何限制。这是建立融洽关系的绝佳方式，也了解是否还有其他有问题领域（尚）未提及。这也是一个非常有用的机会，去看看解决方案是否真正有效——有时我们可能会发现一些尚未被提及或考虑"例外"和"变通办法"。通过花时间思考这些问题，我们很可能提高解决方案的整体效率和有效性。

3. 展开（建议改变）： 如果有改进的机会，请提出更改的理由。如果变化相当小，这可能是一个简单的快速对话。如果更改规模较大，则将修订的问题画布放在一起可能会有益。设置这种期望是有用的，因为可能早早地会有迭代变化 / 可展开的点。对于每一个可展开的点，我们都能更接近解决整个问题，并使组织的收益最大化！

反思

- 成效如何？

```


```

- 下次我会怎么做？

```


```

参考文献

Ries, E., 2011. *The Lean Startup.* London: Portfolio Penguin.

7.7 嵌入持续改进的实践

为什么

解决问题是一个持续的活动，而问题存在于不同的层面上。有些可能是规模非常大、范围非常广泛的（"我们的收入在一夜之间下降了25%——我们如何解决这个问题？"），一些可能会更小、更局部化（"这台打印机不停地卡住，浪费我们的时间"）。

这本书中描述的问题解决过程可以说是一个层次的。对于能适应任何工作变化的大型组织来说，它可以融入项目前的问题分析阶段（在正式的业务案例之前）。对于小的"微调"，我们的模板可以提供一组有用的问题，即使文档本身非常非常简短。

然而，我们的目的并不是要让这成为完成事情的障碍。解决问题的方法不应该是官僚作风的，我们解决问题的过程（和问题画布）应该能够对选择何种解决方案做出高质量的决策。它应该使利益最大化，而不放慢事情的进展。事实上，它甚至可能使事情进展加速——一旦对解决方案作出了坚定的决定，问题解决计划就会加速。

所有这些都是基于人们正在寻找要解决的问题的基础之上。在组织中，人们常常习惯于"特定的工作方式"。如果你用同样的方式工作了20年，你也很容易就会对系统或过程的效率低下视而不见。的确，很难想象任何其他的工作方式。

为解决问题以达到最大效果，授权团队并建立持续改进的关注是很有用的。

资料来源：Gines Valera Marin /Shutterstock

知识简介

"持续改进"可以定义为：

"正在进行的改进产品、服务或流程的努力。这些努力寻求一段时间内的'渐进式'改进或者突然有'突破性'的改进。"

（美国质量协会，北达科他州）

许多持续改进的哲学和方法论，现在包括精益、全面质量管理和六西格玛。虽然所有这些方法都有其优点，但最重要的因素是确保人们积极监测和衡量组织各级的有效性和效率，并有权提出质疑或建议改变。

同样重要的是，确保任何局部化的变化不会给其他领域带来问题。例如，销售团队可能会发现在销售时记录大量客户信息相当费力——但在开发票时，此信息可能对财务团队至关重要。应考虑端到端过程，并评估每个连锁反应。

如何做

1. 在解决问题的活动中，在大范围内将——在组织各级的——利益相关者纳入进来。确保他们的声音被听到，并让他们觉得他们可以提出问题和可能的改善措施。

2. 实施建议方案并欢迎对潜在改进措施的建议。确保每个建议都得到答复——即使建议不实际，人们也会感激建议有被考虑的这种回应。

3. 确保高级和中层管理人员支持此观点，并支持持续性的改进。确保每个人在向团队发言时都强调这个重要性。

4. 当对问题实施解决方案时，请明确说明仍然有回旋和调整的空间，并确保团队能感到有权提出这些建议。

5. 在适当的情况下，公开问题解决计划的 KPIs（成功标准）指标。展示解决方案的工作效果。如果性能有差距，请征求弥补的建议。这从来不是应该被指责的活动——这是把集体的专业知识拿出来，以"熨平"任何最后的折痕，并使解决方案尽可能接近完美。

反思

• 成效如何?

• 下次我会怎么做?

参考文献

ASQ, n.d. *Continuous Improvement*. Available at: http://asq.org/learn-about-quality/continuous-improvement/overview/overview.html

结论和下一步措施

我希望你觉得这本书有趣而且有用。正如我们在这本书中讨论过的，为了我们问题解决活动取得成功，我们必须避免无意中落入采用下意识的解决方案的陷阱中。发散性地思考，专注于结果，有意识地构建我们的问题解决方案将有助于避免这些陷阱。

花时间来定义问题陈述，定义所需的结果（使用 CSFs 和 KPIs），以及创建问题画布，将确保问题解决团队和任何相关的利益相关者都在同一页上，解决正在研究的问题。从长远来看，这将节省时间，因为它能使我们避免窜入不能带我们去到任何有用地方的死胡同。

挑战我们自己——以及我们的利益相关者——以不同的方式思考问题，将帮助我们得出适宜的解决方案，并达成我们的组织所需要的结果。

如果你发现这本书很有用，我会鼓励你去访问这本书的附属网站 www.problemsolvingbook.co.uk。您可以免费下载问题画布模版，并立即在你的组织中使用它。其他内容也将在未来几个月添加进去，所以请定期查看。

最后，请让我知道你是如何开始实行的。我很想听听您的问题解决计划是如何进行的，以及你是如何使用和调整本书中提到的技术的。

下次再见，

阿德里安·里德

Blackmetric 业务解决方案首席顾问

Blackmetric Business Solutions

adrian.reed @problemsolvingbook.co.uk

你觉得这本书怎么样?

我们热切地想听到您关于这本书的消息,这样我们就能使我们的出版做得更好。

请登录到以下网站,并给我们留言。

它只需要几分钟,你的想法对我们来说尤为珍贵。

www.pearsoned.co.uk/bookfeedback

参考文献和延伸阅读

ASQ, n.d. *Continuous Improvement*. Available at: http://asq.org/learn-about-quality/continuous-improvement/overview/overview.html [accessed 25 October 2015].

Association for Project Management (APM), n.d. *What is Project Management?* Available at: https://www.apm.org.uk/WhatIsPM [accessed 16 November 2015].

Blackmetric Business Solutions. Further information at www.blackmetric.co.uk

Cadle, J., Paul, D. and Turner, P., 2014. *Business Analysis Techniques: 99 Essential Tools for Success*. Swindon: BCS.

Davis, J.R. and Atkinson, T., 2010. 'Need speed? Slow down'. *Harvard Business Review*, May.

International Institute of Business Analysis (IIBA), 2009. *A Guide to the Business Analysis Body of Knowledge® (BABOK® Guide)*, v2. Toronto: IIBA.

International Institute of Business Analysis (IIBA), 2015. *A Guide to the Business Analysis Body of Knowledge® (BABOK® Guide)*, v3. Toronto: IIBA.

Kahneman, D., 2012. *Thinking, Fast and Slow*. London: Penguin.

Kaplan, R.S. and Norton, D.P., 1996. *The Balanced Scorecard: Translating Strategy Into Action*. Boston, MA: Harvard Business School Press.

Kotter, J., 1996. *Leading Change*. Boston: Harvard Business Press.

Liker, J.K. and Convis, G.L., 2012. *The Toyota Way to Lean Leadership*. US: McGraw-Hill.

National Audit Office, 2011. *The Failure of the FiReControl Project*. London: NAO.

Oxford Dictionaries, n.d. *Oxford English Dictionary*. Available at: http://www.oxforddictionaries.com/definition/english/holistic [accessed 6 December 2015].

Paul, D., Cadle, J. and Yeates, D. (eds), 2014. *Business Analysis*. Third Edition. Swindon: BCS.

Perspectiv, n.d. *Creative Problem Solving – The Swiss Army Knife for BAs*. London: Presented at BA Conference Europe 2011.

Podeswa, H., 2009. *The Business Analyst's Handbook*. Boston: Course Technology PTR, a part of Cengage Learning.

Pullan, P. and. Archer. J., 2013. *Business Analysis and Leadership*. London: Kogan Page.

Reed, A., n.d. *Adrian Reed's Blog*. Available at: www.adrianreed. co.uk

Ries, E., 2011. *The Lean Startup*. London: Portfolio Penguin.

Rumelt, R., 2011. *Good Strategy/Bad Strategy: The Difference and Why it Matters*. London: Profile Books.

Sirkin, H.L. and. Stalk, G., 1990. 'Fix the process, not the problem', *Harvard Business Review*, July–August.

图书在版编目（ＣＩＰ）数据

问题解决力 /（英）阿德里安·里德（ADRIAN REED)著；刘乐译. -- 长沙 : 湖南
科学技术出版社，2020.3
（二合一极简管理课）
ISBN 978-7-5710-0302-9

Ⅰ. ①问… Ⅱ. ①阿… ②刘… Ⅲ. ①企业管理－研究 Ⅳ. ①F272

中国版本图书馆 CIP 数据核字 (2019) 第 195200 号

著作权合同登记号：18-2019-030
中文简体字版权专有权归湖南科学技术出版社所有
BE A GREAT PROBLEM SOLVER NOW!
978-1-292-11962-5 by Adrian Reed, Copyright © Blackmetric Business Solutions Limited 2016
(print and electronic)
This translation of BE A GREAT PROBLEM SOLVER NOW! is published by arrangement with Pearson
Education Limited. Simplified Chinese Translation copyright © 2020 by Hunan
Science&Technology Press.
ALL RIGHTS RESERVED

本书封面贴有Pearson Education（培生教育出版集团）激光防伪标签, 无标签者不得销售。

WENTI JIEJUELI
问题解决力
著　　者：[英]阿德里安·里德
译　　者：刘 乐
责任编辑：汤伟武　李　柔
出版发行：湖南科学技术出版社
社　　址：长沙市湘雅路 276 号
　　　　　http://www.hnstp.com
湖南科学技术出版社天猫旗舰店网址：
　　　　　http://hnkjcbs.tmall.com
印　　刷：湖南省汇昌印务有限公司
　　　　（印装质量问题请直接与本厂联系）
厂　　址：长沙市开福区东风路福乐巷 45 号
邮　　编：410003
版　　次：2020 年 3 月第 1 版
印　　次：2020 年 3 月第 1 次印刷
开　　本：889mm×1194mm 1/32
印　　张：8
字　　数：210000
书　　号：ISBN 978-7-5710-0302-9
定　　价：45.00 元
（版权所有·翻印必究）